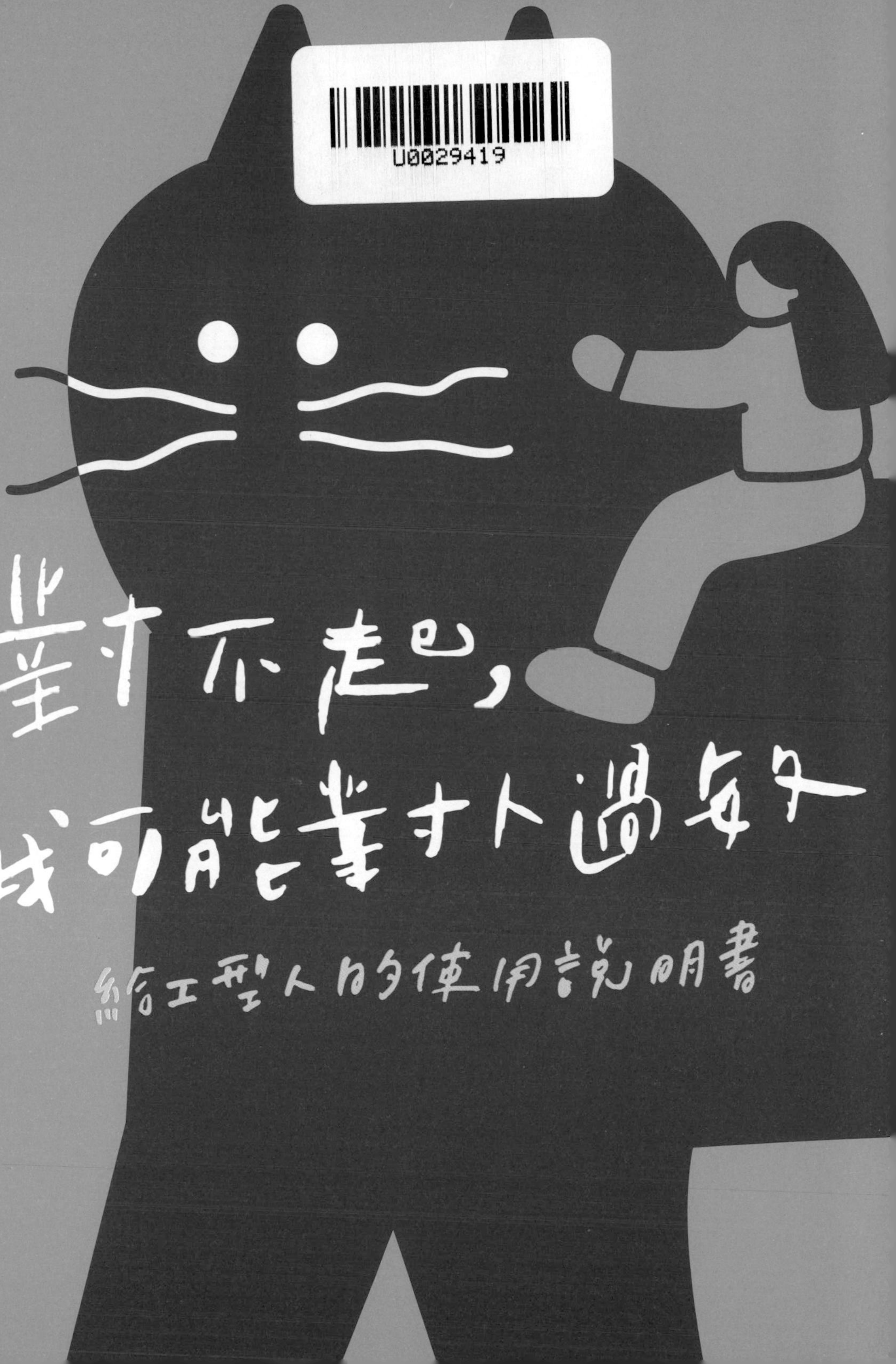

對不起，我可能對人過敏

給I型人的使用說明書

目　錄 Contents

【導讀】看見你心底的光，就能閃閃發亮

諮商心理師／海苔熊

你會拿起這本書，想必是為了自己的社交焦慮而苦，大多數時候想要一個人，可是卻又會被說太孤僻。自從ＭＢＴＩ流行起來之後，我們逐漸用Ｉ人代替「社恐」，我覺得這是一個很棒的開始。因為對於我們來說，我們並不是恐懼社交，而是覺得「沒有必要浪費時間在太多喧囂的人們身上」。作者引用許多不同的電影、小說（可以感覺到他跟我一樣很喜歡村上春樹）、心理學家的名言，揉合各種心理學理論，整理出幾個關鍵的論點：

1. 內向者比較偏向乙醯膽鹼式的人生，外向者則偏好多巴胺式的人生。
2. 調整社交心態就能改變社交心情。
3. 降低對自己、對方和關係的期待會輕鬆許多。
4. 內向者在愛情裡經常會以對方為中心。
5. 在工作上話不一定要多，但要精。

整體而言，內向者是一個習慣深度思考的人，也因為這樣，反射弧比較長、花費的時間比較多，表面上看起來大家都要等你，慢慢吞吞，但實際上，常常會語出驚人，擁有其他人沒有的創意。

也因為你總是想得比較深，你在讀這本書的時候，大概會很敏感的發現到作者用很粗略的二分法，但在你的世界裡面，事情哪有這麼簡單？一百個內向者，就有一百個不同的樣子，同樣的外向者也是一樣千變萬化。我猜這是因為作者為了書寫方便，刻意使用比較極端的撰寫方式，我覺得，你可以從中挑選符合自己狀態的部分去相信就可以了。

我覺得這本書很值得嘉賞的是，作者看起來很像是行雲流水的帶過一些概念，但實際上滿多都是有根據的。例如書裡面提到日本心理學專家樺澤紫苑的一：二：七法則（假如你遇到十個人，其中必然有一個人不喜歡你，兩個人會毫不猶豫地喜歡你，七個人會保持中立），類似結果台灣也曾經發現。

在吳齊殷等人有關於班級霸凌的研究中，一個班級（每班二十二人）平均會有兩名同學不喜歡你，但平均會有三名同學把你當成朋友，換算一下比例其實是差不多的。

此外，每一個章節的最後有提供一個情境提案，有些提案看起來很普通，例如：冥想、找人談話、書寫等等，但我覺得你可以真的著手去試試看，或許會有不一樣的感覺；也有一些章末提案是很特別的，我就不暴雷了，留待大家翻閱書籍的時候，從中體會其中的滋味。

整本書當中，我最喜歡的是作者在標題都用了非常多的金句，在你感到低落、自我懷疑時，可以隨身攜帶，默念三次，永保安康。

例如：「少反省自己敏感，多想想是誰在背後逼你發瘋。」、「大多數情感內耗，都是由於期待過高。」或「不要把你喜歡的人想得太好。」等等，這些句子都可以成為你卡住的時候，幫助你大腦運作的機油。

你早就知道，內向不是一種錯；但知道歸知道，日子還是不好過。讓這本書陪你一起走過，那些風風雨雨、尷尬害羞，想鑽個洞躲起來的許多日後。

#【前言】找到屬於你的內在寶藏

「對不起，我可能對人過敏。」這是一位內向的人讓我印象深刻的話。

仔細想想，似乎確實如此。

內向的人一般不太會聊天，別人說十句，他才會說出一句，還是「嗯」、「啊」、「沒有」這類的極簡詞，聊著聊著就把天聊死了。

內向的人也不太會處理關係，別人高興的時候，不會一起嗨、不會營造氣氛，別人難過的時候，暖心的話說不出口、不會安慰人。

內向的人不愛溝通，工作上總是自己悶頭去做，做了什麼，做到什麼程度了，同事都不知道，讓主管的心裡焦躁不安。

只要一接觸人，內向的人就會手足無措，產生「過敏」反應。因為這樣的情況，很多人得出結論：「內向性格是一種缺陷，你要變得外向一點。」

大學剛畢業的時候，我對此也深信不疑。為了改變自己內向的性格，我特別選擇了業務工作，希望用這種方式強迫自己去表達，去和陌生人交往，成為一個能適應社會的人。但結果，那卻是我人生中最糟糕、最迷惘的一段時期。當你拚命做一些不符合本性的事情時，會真切地體會到什麼叫事倍功半，什麼叫舉步維艱。

後來有一天，我突然問自己：「為什麼非要和自己作對呢？為什麼一定要變成自己都不喜歡的人呢？」

然後，我選擇了和解，不再逼自己，開始聽從內心的聲音，按照讓自己舒服的節奏去生活。我不喜歡說話，但喜歡寫作；我不喜歡人多時的熱鬧，但喜歡獨處時的自省和思考；我在很多的事情上都像木頭一樣笨拙，但在心理學領域卻充滿了熱情和洞察力。

當我不再專注自己的問題，而是將目光轉移到自己喜歡、擅長的事情上時，不僅內在身心放鬆了下來，外在工作和生活也變得越來越好，越來越有起色。

只有當你真正做自己的時候，才可以遇見更好的自己。

因此，內向的人即便對人過敏，也不代表內向性格是一種缺陷。內向和外向都只是性格的一種，有差異、有不同，但沒有高低好壞之分。

我們評價一個人的價值，取決於兩點：

一是事務層面的價值，例如：做事有沒有能力，能取得多大的成就。

二是人際層面的價值，例如：是否善於處理人際關係，以及是不是受別人的歡迎等。

內向的人不喜歡被他人過多關注，對社交活動常常有排斥心理。所以比起外向的人，內向的人在人際關係的層面上不容易找到價值感和成就感。

但是，內向的人更獨立、更專注、更理性，他們在處理事情時的深度思考能力往往是外向的人難以企及的。比如我們所熟知的愛因斯坦、甘地、村上春樹等，他們都是性格內向的人。可以說，在內向者安靜的外表下，往往蘊藏著巨大的能量。

所以，假如你是一個內向的人，不要妄自菲薄，覺得自己性格不好，更不要因此而自卑。你有自己獨特的天賦，關鍵是把優勢挖掘出來，充分利用，就能找到適合你的人生節奏。

怎麼做呢？這是在本書中我想探討的內容。

首先，我們會聚焦在日常生活中內向者關注的問題。

比如社交中感到焦慮，聊天時找不到話題，害怕與人發生衝突；感情中擔心自己沒有吸引力，不會和戀人溝通，職場中不敢表達自己，覺得自己沒有存在感，等等。經由對這些具體問題和情境的分析，我們可以看到內向的人怎樣用適合自己性格的方式來看待和應對挑戰，因此更好地掌控自己的生活。

其次，我們還以時間為軸設計了一個人生路線圖，為大家展示內向者從出生到年老，在人生的各個階段會遇到的關鍵問題，幫助大家找到自己的人生座標和生活的方向。

如果你是一個內向的人，想好好了解自己的性格；或者家人、朋友、同事是內向的人，你想知道怎樣與他們相處，相信這本書可以提供一些有價值的幫助。

最後，我想分享的一點是，內向性格就像金礦一樣，本身蘊藏著巨大的能量，只是你不會一眼就看到。只有對自己耐心一點，允許自己的生命按照自己的節奏慢慢展開，你才有機會打開那扇通往自己天賦的門。

希望你早日打開那扇門。

01

內向人格畫像

內向者是典型的低社交欲望者。
他們遠離社交，不是因爲害怕，而是覺得沒興趣。

與世界保持一隻喵的距離。

世界很喧囂，願你獨自熱鬧。

插畫師：kelasco

龍貓屬性的人

關鍵字　距離感・長情

在宮崎駿的作品中，有個代表性的動畫形象——龍貓。在龍貓的身上，最大的特質就是對人過敏。通常生活在人類村莊最隱祕的角落，你需要穿過極其曲折而幽暗的叢林通道，才有機會接觸。龍貓會刻意與人保持距離，一旦被發現，就會把自己的家當打包好，挑著小包裹，偷偷溜掉。

龍貓遠離人，並不是對人懷有敵意，而是不想被人打擾。如果發現一個人無害且不討厭，也會很愉快地接納對方並一起玩耍。龍貓外冷內熱，發現別人遇到困難和危險時，會毫不猶豫地站出來，施展魔法拯救他。

現實生活中，有很多身上閃耀著龍貓屬性的人。

- 他們平時話不多，總是沉默寡言。

我有個朋友，路上遇到了熟人，打招呼的方式就是點點頭，微微笑，連話都很少說。對他不甚了解的鄰居，還一度懷疑他有語言障礙。語言這種能力，在他們身上處於一種半荒廢的狀態：有是有，被使用的頻率真的很少。

• 與人相處的時候，會本能地保持一種距離感。

剛結交這樣的人時，你會被他們友善的性格，以及總是淺淺微笑的面容所誤導，以為彼此很快就會成為無話不談的好朋友。實際上，可能幾年過去了，你們的關係還是停留在初見時的狀態：認識，但相互了解得不多。

感覺總是隔著一堵玻璃牆，以為很容易一腳邁過去，但每次都被撞得心灰意冷。這時候你才意識到，有些人靠近他們很容易，但真正走進他們心裡太難了。

而他們在人際關係中似乎很享受這樣的狀態：我們這樣客客氣氣的就很好，沒有必要走得太近。

在關係中，他們對朋友的認定門檻很高。除非他們百分之百確定對方是個對的人，否則在他們的內心中，一律視為不必涉及太多私人情感的路人。所以，他們的朋友圈很小，也許一輩子就只有那麼三五個知心好友。

他們交朋友會希望長長久久。很多人的情感會隨著時間的流逝而衰減，但他們的不會。你和這樣的朋友在一起，即使一年半載沒見面，再在一起時，也能瞬間找到之前那種熟悉和彼此信任的感覺。關係中，他們是最長情的人。
這樣的人，其實有一個大家都很熟知的稱呼：I型人。

揭密I型人性格密碼

關鍵字 低社交欲望・非現實性

從日常表現來說，他們在生活中有如下傾向：

- 話少，經常沉默。
- 週末喜歡宅在家裡，而不是出去聚會。
- 聊天時，是個很好的傾聽者，而不是個主動的表達者。
- 與真正喜歡且信任的人才會成為朋友。
- 沒有把握的話不說，沒有把握的事不做。
- 在人多或喧鬧的環境中待久了會感覺很累。
- 慢熟，需要很長時間才能適應一種新環境，或者適應一個新認識的人。
- 一個人時很有想法，和別人在一起時又變得很沒有主見。
- 在社交軟體上與人溝通時喜歡傳文字訊息，而不是傳語音訊息。
- 看起來遲鈍，但內心敏感，情感豐富。
- 在一些專業領域內，經常能取得比較高的成就。

從以上可以看出，我們對內向性格的判斷主要基於一個人在人際交往中的表現。不同於外向的人在社交中展現出的積極、主動和熱情，內向的人在與人相處時會表現得更為內斂和克制。

心理學上有個概念：自我揭露。意思是一個人自發地、有意識地向他人揭露自己真實且重要的資訊。兩個人的關係從遠到近的轉化關鍵，就是看彼此是否願意自我揭露。

外向的人很善於自我揭露，喜歡主動表現自我，所以在社交場合很容易讓他人迅速了解自己，贏得他人尤其是陌生人的好感。

但內向的人相反，他們對人過敏，所以，常常把自己包裹起來，給人不了解、看不透的距離感。在某種程度上，這會影響甚至阻礙內向者在社交中有更好的表現。為什麼內向者在人際交往中會呈現這樣的特質和傾向呢？一種比較流行的觀點認為，造成這種情況的原因主要在於兩點。

❶內向者的社交技能不足。這是在人際交往中很容易就能被感受到的。內向的人少言寡語，聊天時經常不知道說什麼，也不善於處理人際關係，不太懂得人情世故。不管是外向者還是內向者本人，都認同這一點：內向的人在社交技巧上確實有很多需要提升的地方。

❷內向者比較自卑，不敢在社交中展現自己。該觀點認為，內向的人在人際交往方面之所以不如外向的人，主要原因在於內心的恐懼——他們害怕與人相處。因為害

怕，所以會緊張，他們說起話來磕磕巴巴，或者辭不達意；因為害怕，所以會害羞，他們見到不熟悉的人會臉紅，整個人會變得很拘謹。正是因為有這樣一種判斷，很多人在面對身邊的內向者時會善意地提醒：和人相處，你得膽子大一點，臉皮厚一點。

實際上，這是外界對內向者的刻板印象。其實，內向者不善於社交，最主要的原因並不是害怕與人交往，而是不想與人交往。

恐懼是一種強烈的情緒，是對一個人、一件事或一種場合的本能反應。這種情緒來勢洶洶，像海浪一樣能瞬間吞沒一個人。但具有很大的可變性，一旦克服了恐懼的情緒，原本害怕的事情就不會再影響我們。這也是很多人以為的，只要多接觸人，多鍛鍊膽識，戰勝不敢與人交往的心魔，內向者就會像外向者那樣自如地與人交往。但事實上，事情並沒有那麼簡單。這是內向者最典型的心理狀態。

內心的聲音

「讓我一個人」

不管是和朋友還是家人，待一段時間後，我就只想回到只有自己一個人的住處，下班就煮菜、吃飯、打電動、睡覺，覺得無憂無慮的。不管和什麼人待久了，我都想快點分開，還是一個人時感覺更舒服、更自在。

心理學家認為，內向者是典型的低社交欲望者。他們遠離社交，不是因為害怕，而是覺得沒興趣。雖然說人是關係的產物，人人都需要社交，但不同類型的人對社交的需求程度是不同的。有的人喜歡身處熱鬧喧囂的群體中，人越多就越興奮，這樣的人對社交呈現出高需求的狀態；而有的人只願意在少數時候和少數人交往，一對一交流，或者只有三五個人的小圈子社交會讓他們感到更舒服，這樣的人對社交低需求，顯然，外向者屬於前者，而內向者屬於後者。可關鍵問題是，為什麼內向者的社交需求會偏低呢？

提出外向和內向概念的心理學家卡爾．榮格（Carl Jung）認為，區分外向和內向的關鍵就在於一個人心理能量的指向。外向者的心理能量指向外在的現實世界，尤其是現實世界裡的人。他們看見身邊有人，就像一個孩子看見心愛的玩具一樣，身體裡的熱情和能量會被激發出來。因此，外向者很享受與人聊天，享受人與人之間的互動。

內向者的心理能量指向內在的心理世界。他們感興趣的是自我的想法和感受，是這個世界的運轉規則，是一件件事情背後的邏輯，這些內心的覺察和思考更能讓他們獲得滿足感。對內向者來說，現實世界中過多的人際交往會是一種干擾，讓他們無法沉浸在內心世界，這對他們來說是一種能量消耗或內耗。所以，內向者對現實生活的社交需求偏低。對於內向者而言，社交還是要有，但只要一點點，能滿足基本的生活需要即可，不能太多。

從榮格的理論中我們可以發現，內向者和外向者雖然生活在同一個地球上，但並非生活在同一個世界裡。

1. 外向者身上有很明顯的現實性

每天早上一睜開眼，我們看到的、聽到的、觸摸到的，以及我們身體所處的那個具體又鮮活的現實世界，就是外向者最嚮往也是最願意停留的世界。一方面，外向者很樂意向這個世界及他人打開自己的內心。比如，外向者在生活中會很直接地表露自己的情緒：他們高興的時候會哈哈大笑，生氣的時候會怒不可遏，給人敢愛敢恨的印象。這種行為的實質是將自己的情感投注到外部，在這個世界上留下自己的情感烙印。

外向者愛說話，喜歡表達，不管是一對一聊天，還是面向眾人演講，他們都會侃侃而談，不斷地向他人輸出自己的想法和觀點。這種行為的實質是將自己的個人意志投射到外部，在這個世界上留下自己的聲音。當一個人能夠盡情地展現自己、表達自己時，他的生命就會像綻開的花朵一樣，令自己愉悅，也令他人讚嘆和欣賞。

另一方面，現實世界像一面巨大的魔鏡，能放大我們的生命體驗。一個人有好看的外表是不夠的，他還需要一面鏡子，能清清楚楚看到自己的美麗。對外向者來說，人際交往中的他人就是這面鏡子。

生活中我們經常有這種體驗：當你做了一件好事，自己在心裡誇獎自己做得不錯時，這種自我肯定的快樂值可能是六分；而當你做了一件好事，別人向你豎起大拇指，誇獎你真棒時，這種他者肯定的快樂值就可能是十分。也就是說，因為他人這面鏡子的存在，各種生命體驗被提升到更高的水準，我們因此能享受更多的快樂。

所以，外向者喜歡社交，喜歡與人交往，不管是陌生人還是熟人，外向者與其交往起來都樂此不疲。原因很簡單，就是他們能從這些人際互動中獲得樂趣，獲得更多的認同感和滿足感。

2. 與外向者相反，內向者身上有很明顯的非現實性

電影《靈魂急轉彎》中，有個叫月風的角色。表面上，他是普通的看板展示員，每天在街頭重複著枯燥無聊的工作。沒有人關注他，也沒有人在乎他，是個普通到不能再普通的人。但實際上他有一種超能力，能進入一個被稱為忘我之境的神祕世界。在那裡，他的身分是充滿智慧且令人敬仰的船長，專門拯救那些因癡迷某些事物而迷失的靈魂，幫助他們與自己的身體重新連接，藉此找回自我。

內向者的狀態在某種程度上和月風很像，他們的身體活動於現實世界中，但他們的生命能量卻更多地投注到另一個世界，即內在的心理世界。

每個人都生活在兩個世界裡，一個是外在的現實世界，它是客觀存在的，不以個

人的意志為轉移；另一個是內在的心理世界，它存在於我們的大腦中，是我們的大腦對外部現實世界掃描和加工後創造出來的虛擬世界。這個世界是主觀的，裡面充斥著個人的想法、觀點、願望及想像。

現實世界能帶給外向者更極致的生命體驗，能讓外向者找到更好的自我，那麼內在的心理世界能給內向者帶來什麼呢？

1. 內向者在其中可以盡情地做自己

人的理想狀態是做自己，但在現實生活中，人們很多時候是很難做自己的。只要有人的地方，就不可避免地存在自我意志的較量和爭奪。比如，在父母和孩子之間，孩子想畫畫，父母卻說你應該彈琴，彈琴比畫畫更好。該聽誰的？該按照誰的想法做？這就是一種自我意志的爭奪。

相對而言，外向者不怕這種爭奪，因為外向者的自我意識更強，常常能在這種競爭中獲勝，捍衛自己的想法。但內向者的自我意識偏弱，在面對他人的時候不夠強勢，他們在自我意志的爭奪中常常是妥協的一方。以至於內向者在現實生活中經常找不到自己的存在感，甚至會迷失自我。

但是，內在的世界是不一樣的。這裡只有一個聲音，那就是自己的聲音。你不必在乎別人怎麼說，也不必擔心別人會影響你、干擾你。你可以隨心所欲地想自己之所想，按照自己的喜好去感受這個世界。所以，相對於現實世界的種種束縛，內在的世界給了內向者相對獨立的空間。在這個空間裡，你可以感受到自己的精神是自由的，在這裡你可以盡情地做自己。

2. 沉浸在內心世界的人更具有創造力

對外向者來說，獨處是一件枯燥乏味和無聊的事情。但對內向者來說，越是一個人的時候越是最適合深度思考的時候。

物理學家愛因斯坦說過，「安靜生活的單調和孤獨激發了我的創造力。」

作家村上春樹認為，「我的性情是那種喜愛獨處的性情，或者說是那種不太以獨處為苦的性情。我每天有一兩個小時跟誰都不交談，獨自跑步也罷，寫文章也罷，我都不會感到無聊。和與人一起做事相比，我更喜歡一個人默不作聲讀書或全神貫注地聽音樂。對於只需要一個人做的事情，我可以想出許多來。」

內向者對這個世界的探索，從來不會滿足於表象。他們熱衷於挖掘表象背後的邏輯、規則、本質及意義。內向者更善於深度思考。當一件事情發生的時候，他們除了關注發生了什麼，還會思考為什麼會發生這樣的事，背後有哪些影響因素，這件事的意義是什麼，等等。因為有類似這樣的思考，內向者在看待外在事物時會更具有洞察力，對世界的理解也更深刻。

更多的深度思考會帶來更多的創造力。經常沉浸在內心世界的人更容易進入心流的狀態。所謂心流，是積極心理學家米哈里・契克森米哈伊（Mihaly Csikszentmihalyi）提出的一個概念，指的是一個人將自己的精力完全投注在某項活動時達到的那種忘我狀態。在這種狀態中，不僅效率很高，創造性的靈感也會源源不斷地出現。

生活中我們可以看到，不管是作家、音樂家、畫家，還是科學研究工作者，越是需要創造性工作的，內向者所占的比例越高。因為內向者可以更專注於自己內心的世界，探尋世界的本質，因此可以發現更多、創造更多。

從某種程度上說，藝術和創意是內向者向世界表達自己的最好方式，也是展現自我價值和人格魅力的最好方式。

正因為如此，內向者才會將生活的重心從現實世界轉移到內在世界，過著三分入世、七分出世的生活。

乙醯膽鹼式的人生

關鍵字 多巴胺・乙醯膽鹼

為什麼內向者和外向者會出現這樣截然不同的分化呢？除了前文討論的心理需求的不同，還有一個很重要的原因就是生理特點的差異。

1. 內向者具備很強的遮罩力

內向者喜歡安靜，外向者喜歡熱鬧。安靜意味著較少的外部刺激，熱鬧意味著更多的外部刺激。造成這種區別的原因是什麼呢？從生理角度來講，造成這種區別的原因是我們對多巴胺的敏感程度不同。多巴胺是人體內的一種神經傳導物質，主要功能是讓人興奮，並感受到快樂。不同類型的人對多巴胺的敏感度是不同的。

外向者對多巴胺的敏感度較低，也就是說單憑自己製造不了太多的快樂。於是，他們需要借助大量外部的刺激來幫助自己的大腦分泌多巴胺。這就是為什麼外向者更喜歡熱鬧喧囂的場合，喜歡呼朋引伴、組團聚會，喜歡驚險刺激的娛樂方式（如進行滑板、衝浪等極限運動）。只有這些高強度的外部刺激，才能讓外向者體內的多巴胺達到他們需要的水準。

而內向者不同，內向者對多巴胺的敏感度比較高，只需要少量的刺激，他們就能夠感受到愉悅和興奮。所以，內向者喜歡安靜一些的環境：一個人聽聽歌、看看書、種種花，就感覺很自在。

如果和人交往，內向者也更喜歡一對一的相處。人少一點，受到的刺激就少，因而更自在一些。相反，如果外部刺激過多，內向者的大腦就會像電腦一樣，因為要處理過多的資訊而導致思考變慢，甚至當機。這也是為什麼內向者不喜歡在人多的場合停留太久。

詩人查爾斯・布考斯基（H. Hcarles Bukowski）說：「缺少獨處的時間，對我而言就像缺少食物和水。喧鬧使我疲乏。我不以自己的孤僻為傲，但我依賴著它，房間裡的黑暗對我而言就像陽光。」對多巴胺敏感，不喜歡過多的外部刺激，這種生理特徵就像一面現實世界和內心世界之間的屏障，將內向者小心翼翼地保護在自我的世界中，免受外面的騷擾。

2. 大腦迴路與乙醯膽鹼

腦科學研究發現，內向者和外向者的大腦血流通路是有差別的。內向者的大腦血流通路更複雜、更長，而且活躍的區域與人的內部感知功能有關，比如進行回憶、邏輯推理、計畫、處理問題等。而外向者的大腦血流通路比較短，活躍的區域通常與處理外部資訊有關，比如視覺、聽覺、觸覺等。

內向者與外向者還有一個典型的區別，就是大腦主要的神經傳導物質不同。外向者主要依賴的神經傳導物質是多巴胺，就像前文中提到的，這是一種讓人衝動和愉悅的物質。多巴胺的神經通道比較短，傳遞和處理資訊的速度更快。所以生活中我們可以看到，外向者在言行舉止上反應得更快，應對變化的能力更強。

內向者主要依賴的神經傳導物質是乙醯膽鹼，乙醯膽鹼能使人保持專注，並與人的認知功能密切相關（如學習和記憶等）。研究發現，乙醯膽鹼的缺乏會引發認知功能障礙，比如阿茲海默症就與患者大腦內的乙醯膽鹼水準的顯著下降有關。

從以上生理特徵可以看到，外向者的人生是多巴胺式的。他們面對外部刺激時反應快，行動力強，通常想到什麼就說什麼，想到什麼就做什麼。外向者追求的是速度和效率，可以用一個公式表達：

多巴胺式人生＝簡單思考＋快速行動。

而內向者的人生是乙醯膽鹼式的。他們面對外部的刺激時反應會慢一點，而這個慢的過程就是一個深度思考的過程。他們會想發生了什麼，為什麼會這樣，這會帶來什麼後果。不僅如此，他們還會使用長時記憶，與過去的經驗對比，以找到處理問題最好的方式。在經過深思熟慮後，他們才會表達和行動。內向者追求的是準確和成功率，可以用一個公式表達：

乙醯膽鹼式人生＝深度思考＋謹慎行動。

因此，少量外部刺激的滿足，可以讓內向者專注於個人的小空間而不感到乏味和孤獨；對外部資訊的深加工和精細化處理能力，又可以讓內向者熟練地駕馭各種抽象的認知和思維能力，因此沉浸在以自我的想法和念頭為基礎建構的內在世界中。

所以，內向者雖然不愛表達，不習慣過多的人際交往，但並不是頭腦簡單，也不是消極避世。內向和外向一樣，只是一種獨特的生活方式。外向者有外向者的優點，內向者也有內向者獨特的價值。其實，性格只有不同，沒有好壞之分。

內向性格的隱藏優勢

關鍵字 盡責性・自我覺察・親和力

內向者有別於外向者的獨特心理特點，以及人生路徑。

如果你是個內向的人，真正需要做的不是改變自己的本性，把自己硬掰成一個外向的人，而是應當找到真正適合你的人生節奏，把自己本來就具有的潛能和優勢挖掘出來。這樣，我們才能真正過好自己的生活，經營好自己的人生。內向性格的隱藏優勢有哪些呢？

1. 有責任心、可靠

為什麼內向的人總是話比較少呢？為什麼內向的人在做事的時候總是慢吞吞的，像有拖延症呢？內向的人覺得，自己要對自己說的話負責，所以他們說出口的話經過反覆思考、覺得有把握。內向的人也覺得，自己要對自己做的事負責，所以，他們在做事的時候總是很謹慎，想的也很多，想把這件事做到讓所有人都滿意。以上這種心態，是責任心強的展現。

在人格理論中，有一種概念叫作盡責性。有的人責任心很強，他們很自律，對自我的要求很嚴格。對於說過的話，他們一定會信守諾言，言出必行；對於答應別人的事情，即使別人不催，他們也會主動完成。責任心強的人更可靠，這樣的人在人際關係中能夠給別人帶來安全感，因此更容易獲得別人的信任。看重眼前一時的利益，抱有急功近利心態的人並不少見。所以，可靠是一種極其稀缺的資源。對內向者來說，請一定要珍惜愛護自己的羽毛。

2. 善於自我覺察

內向的人外表木訥、遲鈍，但內心很敏感，有強大的自我覺察力。

所謂自我覺察，就是自己對自己的觀察。比如你現在有什麼樣的感受，感受背後是什麼樣的想法，想法背後是什麼樣的心理需求，等等。自我察覺是心理諮詢師經常使用的技能，即要求個案從自我的小世界裡跳脫出來，站在比自己更高的高度俯視自己、審視自己。

在心理諮商工作中有個術語：上帝視角。善於自我覺察的人是擁有上帝視角的人，他們會對真實的自己有更清醒的認識。他們在人生的道路上會更冷靜，不容易迷失自我。

我們都知道，世界很複雜，人生歷練正如西天取經一樣，一路上不僅有很多危險，還有很多誘惑。尤其在當下社會，節奏越來越快，大家都很著急，很多人都想找出人生的各種捷徑。

這種心態很容易讓人走上歧途，掉進各種看起來光鮮亮麗的人生陷阱。而只有那些自我覺察力強的人，才擁有足夠的定力，並確保自己走在正確的路上。

我們經常說聰明和智慧有所不同。所謂聰明，就是頭腦靈活，反應快；而智慧則是對包括自己在內的所有人、所有事有足夠的洞察力，並因此而保持一種清醒。從這個角度來說，自我覺察是一種很高的智慧。

3. 親和力強

每個人都是有氣場的，不同的人身上有不同的氣場類型。有的人侵略性比較強，一接觸就能感受到一種撲面而來的霸氣和壓迫感。還有的人則明顯表現出一種親和力，與這樣的人接觸時，你總能有一種如沐春風的愉悅感，與這樣的人在一起，你的內心不會有壓力，可以很舒服地做自己。這種親和力對關係的重要性是顯而易見的。

首先，親和力會化解關係中很容易出現的敵意。除了極少數心理有障礙的人，很少有人會討厭一個具有親和力的人。其次，親和力為個體和他人建構關係保留了可能性。內向者的朋友圈比較窄，他們不喜歡交太多朋友。但只要保持自己獨有的親和力，等有一天想和他人接觸、深入交往的時候，就會發現這件事並不難。

對內向的人來說，維護好身上的親和力，即便你話不多，也可以成為大家心目中受歡迎的人。內向性格的隱藏優勢還有很多。如果你是一個內向者，可以提醒自己：內向不是一種缺陷，它就像一座巨大的冰山一樣，在人們看不見的海面底下，隱藏著太多的寶藏和能量。

你只需要做好自己，利用好自己本來就具有的優勢，總有一天，你也可以成為讓自己都驚嘆的人。

02

社交能力的關鍵，在於心態

不管在哪種場合，也不管和哪些人在一起，
我們都需要管理好對他人的預期。
允許並接受有一些人不喜歡你。

期待每晚九點的親喵共讀時光。

插畫師：kelasco

心態不對，會再多的社交技能也是白費

關鍵字　社交心態・行為抑制

覺得自己對人過敏、不會社交是內向者的弱點。他們在社交中往往會有以下表現。

- 害怕在人多的場合演講，容易緊張、臉紅、心跳加快。
- 聚會的時候別人相談甚歡，但自己總插不上話，感覺和別人格格不入。
- 不太會和別人聊天，很多時候心裡清楚但不知道如何表達，容易語塞。
- 和不熟的人相處時總是很拘謹，不知道怎麼相處。

客觀地說，以上問題在內向者的生活中非常常見。這些問題帶來的挫敗感和刺痛感又是那麼明顯和強烈，以至於我們覺得必須做些什麼來改變這種狀況。在對這個問題進行反省和歸因時，很多人的第一反應是問題出在自己的社交技能上。

內心的聲音

「我在人際交往中表現不好，我必須學會社交技能。」

學生小武：「我知道我不善言辭，不懂社交，在心裡不停地告訴自己，不能甘於現狀，不會說話就更要去說，不會社交就更要累積經驗。我一直在學，身邊有很會社交的人，我也會偷偷觀察和學習。我還買了很多關於溝通和口才訓練的書，在網上也訂閱了不少有關社交技能的課程。雖然學了不少理論知識和技巧，但當我真正出去與人交往，面對一個個活生生的人時，卻發現自己經常頭腦一片空白，之前所學的種種技能就像被封印了一樣根本無法施展。」

知道該去做什麼，但就是做不到，或者就是邁不出去那一步，很多有社交困擾的內向者都遇到過這樣的情況。那麼，問題出在哪裡呢？問題在於，社交不僅僅是一種技能，更是一種心態。

不同的心態決定了一個人在社交中的不同狀態。如果你面對他人時處於放鬆、享受的狀態，就會敢說、敢問、敢於展現自我，因此呈現出自信、開朗、善於交往的形象。如果你面對他人時處於緊張和不安的狀態，就會像受到驚嚇的蝸牛一樣，把自我收縮到防禦的殼裡，無法坦然地向別人呈現出最好的狀態。

哈佛大學有一項研究提出了「行為抑制」概念。定義是一個人在面對不熟悉的人、物體和事件時會表現出退縮和迴避的反應。內向者在社交活動中的特定心態，會導致他們容易出現行為抑制，就像小武，即使經過大量的學習和準備，但在現實的社交活動中依然無法按照自己的意願表現出期望的樣子。

所以，內向者想在社交方面應對自如，首先要做的是調整自己的心態。而調整自己心態的關鍵，是改變腦中隱藏的不合理認知。

這些不合理認知有哪些呢？簡單來說，可以歸納為如下三種。

不合理認知 1：我需要像外向者那樣社交

關鍵字 社交需求

「前一份工作，我很羨慕一位比我大幾歲的同事。她很會說話，很幽默、風趣，可是我覺得自己怎麼也學不來，彷彿很難開口，過於羞澀。我深知這種習慣不好，我也想改變，卻很難邁出那一步。」

內向者經常覺得自己不擅長人際交往，對自己社交能力的評價偏低，時間久了，他們會怕生，覺得自己天生對人過敏。而之所以有這樣一種認定，是因為內向者腦海中存在一種衡量標準：我需要像外向者那樣社交。

- 外向者自來熟，不管遇到誰都可以迅速拉近彼此關係，像認識多年的老友那樣相談甚歡。
- 外向者口才好，善於表達，說話富有感染力，很容易打動別人，成為眾人目光中的焦點。
- 外向者情商高，懂得人情世故，能處理好各種複雜的人際關係。

• 外向者熱情開朗，渾身充滿活力。

以上種種，是我們對外向者的社交印象。總體而言，外向者在人際交往方面的表現更出色，更容易讓人眼前一亮，所以我們就會覺得，外向者定義了社交的標準。所有人只有像外向者那樣表達、溝通和處事，才可以稱為擁有正常的社交能力。

但是在現實生活中，內向者發現自己很難做到這些。與外向者不同，他們會有以下特徵：

• 內向者慢熟，遇到不熟悉的人時會感到緊張、不自在，防禦心強，不容易與人拉近關係。
• 內向者話少，喜歡聽別人說話而不是主動表達自己，在人群中沒有存在感。
• 內向者不喜歡複雜的人際關係，對人際交往中的規則不敏感，面對這些問題時經常會手足無措。
• 內向者安靜、內斂，容易讓別人產生距離感，不敢輕易靠近。

我們可以發現兩者的差距。因為這樣的差距，很多人會覺得內向者不擅長人際交往。而內向者也會因此自我否定，覺得自己處理不好人際關係，變得越來越沒有自信，越來越自卑。嚴重的話，他們還會對社交產生排斥，甚至走向社交恐懼的泥淖。

但如果我們深入研究內向者和外向者在人際交往中的不同和差異，會發現絕大多數人忽略了這樣一個問題。

每一個人的社交表現都是圍繞著自己獨特的社交需求來展開的。

外向者整體表現更好，是因為他們對社交的需求程度更高。外向者的心理能量指向外在的世界，尤其是外在世界裡的人。只有與人接觸，和不同的人說話、交流、互動，外向者才能感到自身的能量被啟動，身體裡的熱情被點燃，因此感受到生命的活力。

外向者需要借助他人來釋放自己的種種情緒和情感。有一位外向者曾這樣描述自己的情緒表達方式：「遇到高興的事情，我恨不得抓住身邊的每一個人，和他們都講一遍，這樣才覺得盡興。」人際間的交往有時候具有放大器的功能，能將人的情緒感受不斷放大。生活中我們也經常有這樣的體驗，當自己把一個好笑的事情說給另一個人聽，看到對方哈哈大笑時，自己感受到的快樂程度也會加倍。因為這樣一種放大器的作用，外向者更喜歡很多人在一起的熱鬧氛圍，這會讓他們感到更興奮、更舒服。

外向者需要借助他人進行思考。很多內向的人不懂，為什麼外向的人那麼愛說話，那麼喜歡和人交流。一個很重要的原因就是，這是外向者進行思考的一種方式。在人際交往中，他人的想法和觀點能幫助外向者梳理思考，進行判斷。外向者的神經系統沒有內向者那麼敏感，需要更多的外部刺激，才能讓自己興奮起來。而在和他人一起討論某個問題時，別人的表情、態度和狀態都會給外向者帶來較強的刺激，這些刺激就像多巴胺一樣，能讓外向者進入更舒服的狀態，因此有能量好好思考。

外向者需要借助他人來獲得價值感。在外向者根深柢固的信念中：一個人的價值只有被展現出來，並被他人看見，才能稱得上是有價值。所以，外向者的一生都在展現自我，讓自己生活在眾人矚目的聚光燈下。因為這樣的需求，他們需要好的口才和表達能力來影響他人，需要各種社交技能來擴大自己的交友圈，讓更多的人認識自己，喜歡自己。

我們常說，一個人的價值感取決於兩種認同，一種是自己對自己的認同，另一種是他人對自己的認同。顯然，外向者的價值感更多是建立在他人對自己認同的基礎上。

從以上論述可以看到，外向者與外界的關係，就像魚與水的關係一樣，魚需要一刻不停地生活在水中，自然就會進化出嫻熟的游泳能力。同樣，外向者的各種主要的心理需求都是在人際關係中得到滿足，自然就會培養出更好的社交能力。

內向者不同，內向者也需要社交，也需要人際交往，但渴求的程度遠沒有外向者那麼高。

如果說外向者和外界的關係是魚和水的關係，那麼內向者和外界的關係更像是青蛙和水的關係。作為兩棲動物，成年的青蛙主要用肺呼吸，牠們在水下的時間比較短，一般不超過二十分鐘。內向者也是如此，雖然他們也可以參加各種社交活動，但持續的時間通常不會太久。不得不在社交場合停留很長時間時，內向者會感覺自己像電量不足的電池，思考變得遲緩，感受變得麻木，最後疲憊不堪，只想早點逃離。

總之，如果說人際交往是外向者生活的主體，是人生中最重要的事情的話，那麼對內向者而言，人際交往則只是生活的附屬品，是人生中重要但並非特別重要的事。

內向者習慣獨自去解決生活中遇到的各種問題。比如心情不好時，外向者會找一些朋友聊天，經由他人的安慰來紓解自己的心情。而內向者很少會這樣做，他們在情緒低落時，最常見的應對方式是遠離人群，回到家裡或待在自己的房間裡，經由一個人靜靜的方式來消化內心的各種負面情緒。

我們曾做過一個調查，詢問內向者最喜歡用什麼樣的方式來處理負面情緒，結果大家回覆最多的是睡覺。不管遇到什麼難題，只要好好睡一覺就好了。

這就是內向者中很常見的一種心態：「一個人能完成的事，絕對不麻煩別人。有一位內向者說：我總是一個人吃飯，一個人逛街，一個人旅遊。一個人的時候我覺得很自在，反而人多時的嘈雜會讓我不舒服。」

當一個人靠自己就可以解決生活中大多數的問題時，對他人的依賴自然就會變得很少，對人際關係的渴求程度也就會小很多。內在的需求決定外在的行為。外向者把社交需求放在第一位，不管是對深層關係還是淺層關係都有更高的期待，自然需要更出色的表達能力，更嫻熟的人際溝通技巧來駕馭各種社交場合，以得到自己想要的。而內向者的社交需求並不高，自身不需要認識太多的人，也不需要進行太頻繁的人際交往，這樣一種比較低的期待就不需要太複雜的社交技能來支撐。

所以，儘管內向者在人際交往的表現不如外向者那樣亮眼，但整體來說是能滿足正常生活需要的。內向者不需要像外向者那樣社交。不需要成為別人，真正需要做的是回歸自己生活本身，按照適合自己節奏的方式去與人交往。做到這一點的關鍵是接納自己的有限性。

在一次活動上，一位知名的畫家被問到：「藝術的反義詞是什麼？」遲疑了三四秒後，畫家接過麥克風，然後說了三個字：「不知道。」

作為一位從事藝術工作多年的人，回答不出普通觀眾提出的關於藝術的問題，看起來有點辜負人們的期望。但畫家並不這樣看，他用蘇格拉底的一句名言解釋了自己的回答：「但我知道我不知道。」

一個成熟的、有人生閱歷的人對自己會有更清醒的認知：「一個人知道得越多，越是知道自己知道的有限；一個人做過的事情越多，越是知道自己做事的能力有限。」清醒地意識到自己的有限，才會打破自己應該無所不能、應該擺平一切的幻覺，擁有平常心。

你不會再逼著自己去做那些本就不擅長的事。比如別人在社交場合上能說善道，如魚得水，你發現自己根本做不到，就坦然接受，承認這不是自己擅長的領域，安心的低頭吃飯也不錯。

接納自己的有限性，不是躺平也不是否定自己，而是給自己更清楚的定位。有些事情是你擅長的，有些事情是你不擅長的。你所擅長的，才是展現和決定你價值的地方，在這裡投入的時間和精力越多，你收穫的就越大。而那些你不擅長的，隨遇而安就好，好一點或壞一點，都說明不了什麼。

內向者如果能夠想通這一點，再去看自己和外向者在社交上的差距時，就能坦然面對，心態也會平和很多。

不合理認知2：我不能犯錯

關鍵字 社死

內向者在社交中的另一個心理包袱是害怕犯錯。

在診間，我的一位個案這樣描述自己：「我總是很敏感、愛多想。每當談話或者社交結束後，我總在回憶，有沒有說錯話、有沒有哪句話傷害別人、有沒有做了哪些不恰當的舉動等等。總是這樣思前想後，覺得很累。」

有時候我們確實是想多了，但也有時候確實會出一些差錯。

近幾年有個網路流行詞——社死，也就是社會性死亡。主要是指在大眾面前出醜，也泛指在社交圈中做了很丟人的事情，抬不起頭，沒有辦法再去正常地進行社會交往。

社死是人際交往中十分常見的現象。在社交平台上，我曾讓大家分享一下自己經歷過的社死事件。結果回覆的人非常多，在公共場合摔跤，在眾人面前演講時忘詞，私密的訊息傳錯給別人……。

現實生活不是戲劇，沒有彩排，全憑臨時發揮。所以，說錯話、做錯事，有不當的反應都在所難免。但很多時候，我們就是不能接受這一點。

- 太尷尬了！
- 太丟臉了！
- 太羞恥了！

我們在心理上經常默認這樣的等式。

- 一個細節沒做好＝我這個人不好。
- 一件事沒做好＝我這個人不好。

當我們總是用一件很小的事情來評價自己、甚至定義自己的時候，內心就會承受很大的壓力。於是，犯錯就變成了一件嚴重到無法接受的事。最後，走進死胡同裡。

社交中，你告訴自己絕對不能犯錯。但不管你如何小心謹慎，事後你一定會發現自己還是會犯一些或大或小的錯誤，這是不可避免的。

當一個人懷著彆扭的心態去和人交往時，就會發現社交是很痛苦的事情。因為你總是會失望，總覺得自己沒有達到自己的期望。在這種狀態中久了，人就會變得習得性無助，然後害怕與人接觸。在極端情況下，這種心態甚至會發展成社交恐懼。

要改變這種狀況，關鍵是要意識到：你是可以犯錯的。

首先，犯錯或出問題是生活的常態。你如此，其他人也是這樣。有時候我們不原諒自己出問題，是因為我們害怕只有我一人如此。別人都做得很好，為什麼就我做不好？別人都能避免的問題，為什麼我就避免不了？一旦發現只有自己犯錯，人與人之間的比較帶來的打擊，對自尊心和自我價值感來說，是非常大的傷害。

好消息是，這樣的擔心往往並不符合事實。我在經營心理平台的時候發現一種現象，不管是說錯話、聊天時找不到話題，還是不會活絡氣氛——對於任何社交中可能存在的問題，都有很多人站出來表示自己曾經經歷過，或者正在經歷。一旦發現，自己經歷的這些尷尬事別人早就經歷過，內心的自我批判就會弱化很多，因此更容易從自我否定的情緒中走出來。

其次，犯錯的後果很多時候並沒有我們想像的那麼嚴重。當我們在別人面前出醜時，會很容易被激發出各種負面的情緒。身處在這種情緒中時，我們在頭腦層面會進行很多放大式解讀，比如對自我的否定和貶低。

- 我怎麼這麼笨，連這點小事都做不好？
- 別人都在看我的笑話，沒有人會喜歡我了。

在極端情況下，我們還可能會給自己判處極刑。

- 我不可救藥了。
- 我這個人沒希望了。

這些解讀會強化我們內心的羞恥感，覺得自己不好，陷入自己攻擊自己的泥淖中，變得封閉自我，甚至是憂鬱。但實際上，有些傷害本身的威力並沒有那麼大，之所以會打倒我們，是我們把它想像得太嚴重。

心理學上有這樣一個發現：你所擔心的事，九〇%都沒有發生；即便那些發生的事，九〇%都沒有帶來不可挽回的後果。也就是說，你在多數情況下的擔心，純粹只是擔心而已。

那些在現實生活中摸爬滾打的人，都有這樣一種共識：任何傷害，都是有限的。有些事情讓你很絕望，覺得無論如何都過不去了，但過一段時間你會發現，自己還是走出來了。生命的強大和韌性，都遠超我們的想像。那些當下你覺得很羞恥，恨不得原地爆炸的事，在經過時間的過濾和沉澱後，你又會發現不過如此。

所以，在社交中犯錯，這可能會讓你感到尷尬，但也僅僅是尷尬而已。當你說錯一句話，眾人哄堂大笑時，如果你臉紅了一下，隨即提醒自己這沒什麼大不了，那你就真的成熟了。

最後，少關注問題，多關注收穫。在與人交往的時候，會發生很多事情，你也會有很多感受。即便是一次簡單的聊天，細細覺察之下，也包含了各種各樣豐富的體驗。其中可能有緊張、慌亂、不舒服，但也有平靜、愉悅，甚至是小小的興奮和滿足。有不太好的體驗，也有感覺不錯的體驗。

過度關注問題時，我們會因為一種不好的感受，而忽略了九種好的感受，並完全否定這次交往的意義。那些很樂於與人交往的人，他們的心理路徑則截然相反，他們更關注自己的收穫。關注收穫的人，在與人交往的時候即使遇到四種不好的體驗，但因為還有六種好的體驗，所以依然覺得這次的交往很有價值，會感到滿足。不僅如此，面對與人交往時自己犯的一些錯，他們會用鼓勵型思維對待。

比如，當內心有聲音說「這次我又搞砸了，我真是個白癡時」，他們會轉換成這樣的心聲：「原來這樣說話是不恰當的，另一種表達方式更好，我又累積了一點社交經驗。」

錯誤的意義不僅是告訴我們在某些地方出了問題，更是提醒我們，某些事情可能需要用不同的方式來處理，或者某些意思可以用更好的方式表達。

如果能建立積極的心態，與人交往的過程中出現一些小問題、小差錯的時候，我們就會變得更鬆弛一些，對犯錯本身的恐懼也會得到一定程度的減輕。

在這一點上，小孩子是我們最好的老師。那些牙牙學語的小孩子剛學會說話時，會口齒不清說很多像外星語的話；他們學走路時，會摔很多跤、吃很多苦頭，但你很少看到有孩子因為這些問題而焦慮或自卑。相反，他們是開開心心、跌跌撞撞地，不知不覺中就把什麼都學會了。

這提醒我們，事情出現了偏差並不可怕，任何一件事出現了差錯，它的影響都是有限的，即使當時很嚴重，事後我們也總有彌補或者經由其他事情來平衡的機會。

在現實生活中，重要的不是你犯了多少錯，而是不要停下嘗試的腳步。社交如此，人生也如此。

不合理認知3：我怕別人不喜歡自己

關鍵字 **好感的一：二：七法則**

有些內向者在與人交往時有個習慣，特別在乎別人的眼光，經常為他人意義不明的眼神而想半天。是因為他們在和別人相處時腦海中經常充斥著「如果式」的聲音。

- 如果他不理我，怎麼辦？
- 如果他不喜歡我，怎麼辦？
- 如果他不在乎我，怎麼辦？

這些「如果式」的想法多了，內心就會承受很大的壓力。客觀地說，這些擔心並不是完全沒道理。畢竟，這個世界很複雜，不是所有人都喜歡我們，不是所有人都能跟我們聊得來。總會有人不喜歡我們。但客觀地說，這樣的人在交往的人中所占的比例極少。偶爾會遇到一兩個，但不常見。那常見的是什麼樣的人呢？是那些對你沒什麼惡意，不會傷害你，不會用很嚴苛的目光要求你，同時也不是很在意你的人。

大家都很忙，有自己的事情要處理，沒精力花太多時間在你身上。所以，對於在相處時出現的小問題、小瑕疵，絕大多數的人根本不會放在心上，看過、聽過就忘了。因此，只要你沒有做出什麼太離譜的事，想招人恨也不是一件容易的事情。你所擔心的各種如果，多數情況下也僅僅是如果而已。

即便發現身邊有一兩個人不喜歡你，也不要過於擔心。因為，這也是現實生活中的正常現象。

內心的聲音

「我付出了這麼多，為什麼還不被喜歡？」

小雪剛上大學時，為了和室友打好關係，也為了給大家留下一個好印象，經常主動為別人付出，比如幫別人倒水，幫別人收桌子，幫別人拿快遞，甚至還幫別人洗衣服。但這些付出並沒有得到所有人的認同，有個室友就經常欺負她，時不時地對她冷嘲熱諷。小雪很痛苦，不明白自己付出了這麼多，為什麼還不被喜歡。

「是哪裡做得還不夠好嗎？」其實，問題的關鍵不在於自己哪裡做得不好，而是不管你做得多好，這個世界上總有人不喜歡你。這種不喜歡有些是有理由的，比如你損害了別人的利益，或影響了別人的前途。也有一些不喜歡是沒有理由的，只是單純地看見你就心情不好而已。

就像虐待小動物的人，那些路上的小貓、小狗沒有招惹他們，但他們就是想折磨牠們。這很難用正常的思維去理解，但你得承認這樣一種現實：在這個世界上，總有人單純地就是想傷害別人。面對這樣的人，你越是討好，他們想傷害你的興致就越高。如果你不能及時識別，只是一味地從自己身上找原因，就會越陷越深，掉進施虐與被虐的泥淖裡無法自拔。

在人際關係中，要避免那些理想化的念頭，不要覺得自己「可以」或「必須」贏得所有人的喜歡。顯然，這不現實，也不理性。不管在哪種場合，也不管和哪些人在一起，我們都需要管理好自己對他人的預期。你要允許並接受有一些人不喜歡你。

日本心理學專家樺澤紫苑提到過好感的一：二：七法則，意思是假如你遇到十個人，其中必然有一個人不喜歡你，甚至討厭你；有二個人會毫不猶豫地喜歡你，支持你；還有七個人則保持中立，既不討厭你，也談不上喜歡你。

明白了這一點，在人際交往中，我們就可以給自己預留一些不受歡迎的名額。就我自己而言，假如我和一群人在一起，我會提醒自己其中應該有一兩個人是不歡迎我的；假如我分享一些問題上的想法和觀點，我會提醒自己其中應該有一些內容是會引起爭議、不被喜歡的。

當一切都是預料之中時，即便是糟糕的事情發生了，帶來的心理衝擊就有限了。當你接納並允許一些人不喜歡你、不歡迎你時，這些人的出現也就不會給你造成太大的傷害和影響。

情境提案

緩解身體焦慮的三個小方法

社交焦慮不僅是一種心理問題，還是一種生理問題。嚴重的焦慮往往會伴隨一些生理上的反應，比如呼吸急促、心跳加快、渾身肌肉緊繃。更糟糕的是，它還會影響睡眠：很難入睡，總是失眠；睡眠的品質很差，容易做噩夢等等。在這種情況下，怎樣做才能緩解身體上的反應呢？這裡分享三個小方法。

1. 方法一：深呼吸法

人在焦慮的時候，呼吸通常是短而急促的，淺呼吸會製造身體的緊張感。要想讓自己放鬆，需要的是深呼吸。

你可以閉上眼睛，用鼻子慢慢吸氣，讓氣體慢慢充滿你的腹腔，然後慢慢用嘴吐氣。用這種方式和節奏多呼吸幾次，可以讓我們的身體慢慢恢復平靜。

2. 方法二：肌肉放鬆法

你可以先握緊拳頭，然後鬆開；先收縮手臂的肌肉，然後放鬆；收縮肩膀的肌肉，然後放鬆；依此類推，脖子、臀部、大腿、腳部都可以進行這樣的操作。經由收縮和放鬆身體不同部位的肌肉，也可以達到放鬆的效果。

3. 方法三：冥想法

先找一個舒適的姿勢，可坐可躺，然後將注意力集中在呼吸的起落上，感受空氣進入自己的身體，感受空氣離開自己的身體。

在過程中，一些思緒、過往的經歷可能會出現在你的意識中，這時不用抗拒，不用評價，只要接納它、覺察它就好，然後繼續關注你的呼吸。

冥想可以提高我們的專注力，讓我們專注於當下，這樣既不會沉溺於過去又不會憂慮未來，因此有利於我們的身心獲得寧靜。

03

慢熟的人，更懂得什麼才是沸騰

內向者慢熟，但也慢冷。
對慢熟的人來說，時間是你的朋友。

讀自己的故事，愛自己的宇宙，開心上的花。

插畫師：kelasco

我不是冷漠，我只是慢熟

關鍵字 第一印象

我們常說，人際交往中第一印象很重要。第一印象是初始效應，人們會對初次接觸到的資訊更敏感，留下更深刻的印記。一個人剛見面就很熱情，噓寒問暖，讓你如沐春風，你就會覺得這個人不錯，心生好感；若一個人初次見面時面無表情，話也很少，你就會覺得這個人不好接觸，因此產生距離感。

這個道理大家都懂，內向者也知道。但問題是，內向者面對不熟悉的人連開口說話都覺得是一種挑戰，更別說表現出很熱情的樣子。有時候你覺得自己做了很多心理建設，盡了最大的努力振奮情緒，但展現出來的，可能並不如自己想像的那般良好。

作家村上春樹年輕的時候曾經營過一家酒吧。雖然他性格內向，但為了生計也不得不做出一些改變。客人光臨時，他會面帶微笑地招呼：「歡迎光臨。」遇到愛聊天的老顧客，他也會耐著性子陪對方聊天。村上春樹一度覺得，自己在他人面前應該有和藹可親的印象了。但多年以後和熟人重逢時，他卻被告知：「春樹以前對人愛理不理的，不太說話。」這讓他備受打擊。原來自己費盡九牛二虎之力拚命想呈現出的熱情好客的形象，在別人眼裡卻是另外一副樣子。

不管是從日常生活經驗，還是從心理諮詢的案例中，都可以發現這樣的現象：在從〇到一建立一段新的關係時，相較於外向者，內向者往往需要花更長的時間。對外向者來說，結識一個新朋友是很輕鬆的事情。不管遇到誰，他們都能輕鬆地和對方打成一片，聊得火熱，就像多年未見的老友一樣。但對內向者來說，情況就會變得複雜起來。

我有個朋友從學生時期起就擺脫不了一個魔咒。不管是國中、高中還是大學，每到一個新的班級時他都會陷入一種困境：沒有好朋友，班上的很多活動他也無法融入，總感覺自己像個局外人。他也不是不努力，每次都暗暗提醒自己要多和同學接觸，多參加一些集體活動。但不管怎麼嘗試，他還是感覺和周圍的人格格不入，沒有辦法像別人一樣快速融入各種關係。這種狀態通常會持續半年左右，然後就一切恢復正常。

也就是說，內向者在適應陌生人及陌生環境時會慢熟一些。在這個凡事講究效率的快節奏時代，慢往往被當成一種問題，甚至是一種缺陷。當一個人在人際交往中慢熟時，人們會產生一些偏見性觀念，覺得這個人不好相處、孤僻、高冷、自我封閉、不合群等等。

那麼，慢熟在人際交往中真的是個問題嗎？

慢熟能幫我抵擋所有的不真誠

關鍵字 **腦迴路長．安全感**

慢，是因為內向者的大腦迴路長。

我們之前在講內向者的生理特徵時提到過，內向者的腦迴路長，遇到事情時反應會稍微慢一點。而外向者的腦迴路短，遇到事情時反應會更快一點。這從兩者在社交中的表現就可以看出來。外向者語速快，和別人談話時反應迅速，給人的感覺是頭腦靈活、一點就透。而內向者話少，語速慢，和別人談話時反應有些遲緩，給人的感覺木訥、不夠靈光。

當一個外向者和一個內向者聊天時，反應上的不同步會帶來一些不舒服的感受。電影《動物方城市》中，兔子茱蒂去車輛管理局查車牌號，遇到工作人員樹懶快俠。我們都知道，樹懶是一種反應和動作都極其緩慢的動物。所以，當茱蒂和快俠溝通時，後者不僅說話慢，連笑起來的動作都是慢的。這讓急性子的茱蒂崩潰。

電影是一種藝術作品，在呈現生活上會使用誇張的手法。但在生活中，兩個人的溝通節奏不在同頻道上時，確實會有不對頻、聊不到一起的感覺。這也是很多外向者對內向者在感性層面容易產生偏見的原因所在。

從這個角度看，腦迴路長，加工和處理資訊慢，這似乎是個缺點。按照適者生存的進化原則，慢熟的人好像應該被淘汰，但事實並非如此。不管什麼時候，慢熟的人在整個社會中都會占據著不容忽視的位置。

之所以如此，原因就在於腦迴路長的人具有一些特殊優勢。比如，他們深度加工資訊的能力更強，更善於深度思考。有些心理專家認為：嘴巴伶俐的孩子，成績都一般。而不吭聲、話少的孩子成績反而很好。愛因斯坦就是最好的例子。他剛上學的時候，沉默又孤僻，老師一度覺得他是不是有點問題，很簡單的問題也會左思右想，回答得吞吞吐吐，一點也不像其他孩子那樣乾淨俐落。可是，就是這個人改變了整個人類對世界的認知。

面對這樣的成就，愛因斯坦解釋說：「並不是因為我有多聰明，只不過我思考問題的時間更久。」

所以，任何問題都是有兩面性的，慢有慢的不足，但慢也有慢的優勢。對一個慢熟的內向者來說，做好自己，把你深度思考的能力用對地方，你的價值自然就會展現出來，而說話多一些還是少一些都不妨礙別人喜歡你。

慢，是因為對不了解的人沒有安全感。

內向者的交友門檻很高，原則是少而精，只和少數絕對信任的朋友交往，並長期保持穩定而親密的關係。對一個人不夠了解，或者了解得不夠充分時，內向者通常會沒有安全感，因而有比較強的防禦心理。這就像蝸牛一樣，當感覺周圍不夠安全時，會本能地縮回殼裡去，以避免受到傷害。

內向者在人際交往中的冷，多數情況下並不代表他們不喜歡別人，而只是不想被傷害的自保心理。所以，很多人覺得內向者高冷，這其實是一種誤解。內向者不是高冷，而是低冷。高冷是一種俯視的冷：「覺得我很優秀，高高在上，你們不配和我交往。」這是一種含有攻擊性的冷。低冷是一種仰視的冷：「我覺得我太普通、太平凡了，你們應該不會真的喜歡我吧！所以我還是識趣點，躲遠點。」這是一種自我保護性的冷。

內向者要對一個人熱絡，要深入了解並喜歡上這個人。只有真正成了熟悉的朋友，才能放下戒備，放鬆下來，然後坦誠熱烈地交流。也就是說，內向者對一個人的態度和熱情度，是和兩個人之間情感上真實的親密程度成正比的。

在這一點上，外向者和內向者有很大不同。外向者自來熟，不管與誰都能很快就聊得火熱，彷彿彼此是多年好友。但很顯然，初識的人之間不可能有多深的情感。是什麼樣的動力推動著他們做到這一點的呢？原因是，他們發現如果自己在初次見面時表現出足夠的熱情和主動性，就能在這段關係中獲得更多的掌控感和認同感。

人在交往的初期有一種矛盾的心態：一方面因為防禦的心理而很謹慎，話很少；

另一方面又非常渴望迅速得到別人的接納和喜歡，以證明自己是個受歡迎的人。於是，如果一個人發現只要自己主動一點，表現得熱情一點，營造一種感官上的熟悉感，就可以拉近彼此的關係，甚至能贏得別人的好感和信任，為什麼不去做呢？

這樣的積極回饋多了，他們對初次見面時的不熟悉和尷尬，就不再有畏懼的心理，相反，這還會激發他們主動和別人交談的熱情。於是，自來熟就成了很自然的事情。但自來熟是一種社交技術，而不是一種社交情感。

內向者本身的社交欲望不強，在人際關係中也沒有強烈的掌控欲，更重要的是，內向者在人際交往中，更忠於自己的內心。喜歡就是喜歡，不喜歡就是不喜歡；有感覺就是有感覺，沒感覺就是沒感覺，他們不願意用公式去換取熟悉感。當一個人用佛系、隨緣的態度來處理人際關係時，慢熟也就不可避免了。

與慢熟的人，請深交

關鍵字 淺層關係・深層關係

在淺層關係中，慢熟對人際交往的不利是很明顯的。所謂淺層關係，指的是陌生人之間或認識但不熟悉的人之間的關係。身處在淺層關係中時，內向者最難受。比如在一個陌生場合，大家都不太熟悉，一個人不善言談，半天不說一句話，這在關係中確實是個問題。會導致別人不能更簡單、快速地了解你。

別人在剛與你接觸時，理解和讀懂你的門檻會有些高。如果了解的門檻太高，願意認識你、靠近你、走進你生命的人就會少很多。在這種情境下，慢熟的人不如快熱的人。因為後者開朗熱情，善於帶動別人的情緒，容易給人留下深刻的第一印象。

但是，所有的事情都有另一面。第一印象雖好，但也有不足：這種印象會隨著兩個人交往的深入而不斷被修正。對於第一次相處時感覺渾身閃閃發光、非常完美的人，與其相處久了我們會發現他們也不過如此，甚至在某些地方還很討厭；對於那些剛認識時無感、甚至印象不太好的人，相處久了反倒會發現其實他們也有不少優點，甚至會越來越喜歡他們。

當時間拉長、關係加深之後，我們對一個人的看法就會越來越全面，越來越理性。這個時候，剛開始投入很多、付出很多的人，可能會有一些失落。因為自己在別人心目中的印象好像沒有最初那麼好了，別人對自己也越來越冷淡了。這就是第一印象效應失效的表現。

另外還有一個重要的原因是，在初次交往時，即使你做得很好，別人也表現得很喜歡你，但不代表這種喜歡就是真實的。

在缺乏了解的情況下，即使你對別人好得無可挑剔，別人在內心深處也未必會認同，他們通常會在經過一段時間的考察和驗證之後，才會放下防禦的心態，真正接納一個人。

所以，在交往初期，不管你表現得好還是不好，別人都會對你持保留態度。當你覺得自己表現得不好時，實際情況可能沒有你想得那麼糟糕；當你覺得別人表現得很好時，實際情況也可能沒有你想得那麼理想。

在深層關係中，慢熟的人相對更受歡迎。深層關係，通常存在於關係密切的家人之間、好友之間、長期的合作夥伴之間。這種關係裡的人，彼此都很了解，表達能力就不再是對一個人最重要的評價標準。這時大家不僅要看你怎麼說，還要看你怎麼做。

表達能力太好的人，有時候過於相信話語的能量，以為說到就算做到了，對具體怎樣做反而容易鬆懈。而那些慢熟、嘴笨的人，生怕別人再誤解自己，所以行動上會格外小心。相處久了，人們會發現，原來慢熟的人也許更真誠，做起事情來更可靠。

所以，在關係的初期，一個人或許能憑藉表達能力和包裝能力營造一個光彩奪目、備受歡迎的人設，但所有的關係走到最後，大家看的還是一個人最真實的樣子。可靠、能為他人著想的人，路會越走越寬；虛假、只會為自己考慮的人，路會越走越窄。

內向者慢熟，但也慢冷。對慢熟的人來說，時間是你的朋友。別人和你交往的次數越多，時間越久，就越能發現你身上閃光的一面，因此對你更加地認同和信任。當然，前提是要耐下心來，踏踏實實地做好自己。

好的關係，慢一點也沒關係

關鍵字 節奏

1. 心態上：接納自己的慢

人與人交往是有一定的節奏的，也需要有一點時間的沉澱。我們可以暫時故意表現出自己很熱情，很認同和喜歡對方，但是稍有生活經驗的人都明白，我們看到和感受到的未必都是真實的。

太容易靠近你的人，有一天也會很容易離開你，因為不管是他們靠近你，還是離開你，其實都與你無關。因為你們之間並沒有很深的情感連接，更多的是交往技能和套路的使用。

所以，假如你本身就是一個比較慢、在反應上屬於遲鈍型的人，不要著急，請給自己更多的時間去適應新的生活，而不是拿自己跟那些反應比較快、很容易和別人打成一片的人相比較，按照別人的標準來要求自己。

不管是快還是慢，都不存在絕對的好和壞。只是不同的人選擇了不同的社交節奏。重要的是找到適合你自己的節奏，而不是被別人的節奏帶著走，最後迷失自我。

2. 行為上：做真實的自己

平時是什麼樣子，就表現出什麼樣子。沒有必要因為想得到別人的認同，而故意打造一個並不真實的完美人設。完美的人設就像肥皂泡一樣，雖然一時絢麗，但一碰就破。

相反，如果你展現的是一個真實的自己，那麼別人會用他們自己的方式來了解你（包括你的優點和缺點），然後調整自己來適應你的特點，並對你形成合理化的預期。即使你身上有這樣或那樣的不足，這些瑕疵雖然會一時讓別人感覺到不舒服，但他們會經由調整自己的方式來適應你。

如果你們真的有緣，彼此之間可能會產生更多的認同和好感，你們的關係就能長久地保持下去。相反，如果彼此不是同個頻道的人，認清彼此的面目後好聚好散，對兩個人也沒有什麼傷害。總之，不管是哪種結果，這對彼此來說都是最優的選擇。

所以，坦然地做你自己就好，真正好的關係，慢一點也沒關係。時間是檢驗兩個人關係最好的試金石。經歷過一些事情，對彼此有了全面的了解和夠深刻的認識後，這樣的關係才會既真誠又長久。

情境提案

快速融入新環境的兩個方法

慢熟的人最不喜歡的就是換環境。不管是學生時期換班級，還是成年以後換工作，對慢熟的人來說都是考驗。每到一個新環境，就跟「死」過一次一樣，這是讓很多慢熟的人產生共鳴的一句話。

有沒有什麼辦法可以讓內向者融入新環境的過程快一點、時間短一點呢？這裡，我分享兩個應對的小方法。

內向者融入新環境慢，是因為自身的感覺系統暫時失靈。當我們身處一個熟悉的環境中時，我們的感覺可以自動處理很多細節上的問題，而不需要意識上的參與。這就保證了大腦可以把主要的精力都放在更重要的事情上，而不必為一些瑣事分心。

但進入一個新環境後，原來的感覺系統就會處於反應失靈的狀態。這時，人就需要在適應環境的過程中逐漸建構新的感覺反應系統，這是一個緩慢的過程，表現在生活中，就是感覺不適應、無助和焦慮。

這種無助和焦慮就像一個人溺水時一樣，他會因為恐慌而想抓到一根救命稻草。

什麼樣的稻草才可以解救我們呢？

一是在新環境中，找到自己喜歡做的事情。舉個例子，如果一名大一新生發現課程都是自己感興趣的，學習起來得心應手，就可以更快地建立自信心和掌控感，因此更容易投入新的生活環境中。

二是在新環境中，找一個外向的人成為好友。求學的時候，我也是一個極其慢熟的人，每到一個新班級都需要很長的時間才能慢慢熟悉和適應。唯獨有一次，我很快就融入並喜歡上了新的班級。原因是坐我隔壁的同學是個非常外向的人，因為她的開朗和熱情，我對新班級的陌生感被沖淡了不少。

這種情況並不是個例，很多人都曾有過這樣的經歷和體驗。因此，有人就說過這樣一句話：一個內向者快速融入新環境的最好辦法，就是被一個外向的朋友「領養」。確實如此。

04

你不會聊天，不是因為口拙

沉默也是內向者參與生活的一種方式。不如優先照顧一下自己的需求，先取悅自己，再取悅他人。

與其在別人的世界裡微不足道，

不如在自己的世界裡光芒萬丈。

插畫師：kelasco

為什麼我總是不知道說什麼

關鍵字 句點王・意義感・注意力焦點

聊天時，找不到話題不知道該說什麼，是一件很讓人頭疼的事。

以我自己為例。大學畢業那幾年，大家都說剛進入社會，你要表現得積極一點，多和人交往，多和人溝通。道理都懂，但落實到行動上，卻發現好難。最直接的一個問題，就是在關鍵時刻大腦像斷片一樣，不知道該說什麼。而且，似乎也不是努力的問題。在心裡，可能真的很用力在找話題，但就是找不到可說的話。這種感覺就像在撒哈拉大沙漠裡尋找水源一樣，讓人慌亂又絕望。於是，只能被動地沉默。

之前有個網路用語叫「句點王」，指的就是這種情況：不善交際，不會聊天，很難參與別人的交流，和別人在一起時很容易冷場。

我們之前曾針對內向人群做過一次問卷調查，結果顯示：內向者在社交時感到最困擾的問題中，聊天時找不到話題高居第二位。如果你也經常遇到這種情況，該怎麼辦呢？

要回答這個問題，我們就得先了解清楚，為什麼會出現這個問題。

首先，話少是內向者獨特的表達方式。內向者身上會表現出一種很強烈的反差。一方面，他們在別人聊天時常常一言不發，似乎對大家所討論的話題知之甚少，或者沒有自己的想法和見解。但是另一方面，一旦內向者主動開口說話，就很容易說出一些精闢的見解，不鳴則已，一鳴驚人。

之所以如此，是因為內向者在表達時追求準確，並希望言之有物。

作為典型內向性格的人，過往的生活中，我經常會遇到這樣的情況：大家很熱烈地討論一件事時，我的頭腦中會突然閃現出一個很不錯的想法或觀點。通常，我不會急於說出來，反而會遲疑「這個念頭是正確的嗎？」「這個邏輯是合理的嗎？」「現在說出來適合嗎？」，當我為了要不要說而猶豫時，有個人突然站了出來，說出了我想說的話，然後得到大家一致的認同和稱讚。這時我又會懊惱，後悔為什麼不第一時間說出來。

這樣的情況，相信很多人都遇過。這就是內向者在表達上的習慣，開口說話前需要反覆思考，希望想清楚再說，這和外向者大不同。外向者在說話時會一邊想一邊說，想到什麼就說什麼，哪怕想法還不成熟。但內向者對自己所說的每句話都有嚴格的要求，要有見解，要確保不能說錯。

不同的表達門檻，決定了不同的表達頻率。對自己所說的話沒有那麼多框架時，就會無所顧忌，敢於或樂於表達。而當一個人對自己所說的話有一定的要求時，想到和說出來之間就會多出一個濾網，過濾掉很多話語。

對內向者來說，這個濾網的核心就是意義。聊天時，如果覺得某個話題沒有營養，沒有意義，就會失去表達的欲望。比如剛遇到朋友需要打招呼寒暄幾句，外向者通常會熱烈地和對方聊很多事情。從當天的天氣，到對方穿衣打扮及神情狀態的細節變化，再到社會上發生的熱門事件，總之會用各種話題占滿時間。

但是在內向者看來，這些天馬行空的聊天都是一些空話，空洞乏味，沒有意義。因此，內向者不喜歡寒暄，不喜歡把時間浪費在毫無價值的關卡上。內向的人喜歡直奔主題，簡單的一句「你好」之後，他們就會切入正題，討論想討論的事情。事情說完，聊天也就結束了。

因為把很多事情都劃到無意義的範疇，所以在生活中，可以看到內向者常常是沉默的。當周圍人歡聲笑語聊著各種各樣有趣的話題時，內向者就像局外人一樣作壁上觀。很多人理解為冷漠和孤僻，覺得內向者這樣的反應是一種心理問題，要調整。但實際上，沉默也是內向者參與生活的一種方式。

他們並不是什麼都沒做，而是像捕獵者一樣，在不斷地觀察和尋找，尋找有價值、有意義的目標。在沒有找到之前，他們會一直保持沉默，處在蟄伏的狀態。而一旦找到讓自己覺得有意義的人和事，內向者就會把所有的時間和熱情投注在其中，呈現出與平時截然不同的樣子。

有的人在面對陌生人或不熟悉的人時，會話少、拘謹和被動，但和親密的好友在一起時，又會非常活躍，甚至會變成一個話癆。有的人在人稍微多一點的場合就不敢說話，被迫說話的時候也結結巴巴，但在分享感興趣的議題，甚至是演講時，他們又會侃侃而談，邏輯嚴密，思考深刻，讓人刮目相看。

可以說，意義既是打開內向者生命能量的開關，又是打開內向者話匣子的關鍵。在內向者身上，我們可以說：「好好聊天就是說有意義的話。」

其次，聊天時有沒有話題與我們注意力的焦點有關。為什麼有的人和別人聊天時經常大腦一片空白，不知道該說什麼，而有的人總是話題很多，從不冷場呢？

我們經常以為話是我們主動想說，其實這可能是個誤會。會聊天的人從來不去想我接下來要說什麼，如果你問一下身邊善於聊天的人，他會告訴你：「我只是把到嘴邊的話講出來而已，至於這些話是怎麼來的，我也不知道。」

說話有時候就像水龍頭，內向的人和外向的人所做的都一樣，就是打開那個水龍頭，區別是：前者打開後發現沒有水，而後者有取之不盡的水。為什麼會有這樣的差別呢？在認知心理學家看來，人的心理就像電腦一樣是資訊加工的系統，我們的意識主要在做兩件事，一件是從周圍的環境向大腦輸入資訊，另一件是向周圍的環境輸出資訊。

外向者之所以經常有說不完的話題，是因為性格因素導致他們樂於與人交往，有與人相處的本能衝動。而在相處的過程中，經由不斷與周圍的人溝通交流，無論是話題的廣泛性，還是交流的技巧，都會得到廣泛的擴展。相反，內向者因為喜歡獨自思考問題，與他人交往的意願不強，因而和別人溝通的次數和頻率相對於外向者來說，會有很大的減少和降低。

因此，當內向者和外向者與同一個人交往時，雖然他們看到的是同樣一個人，但是在交流的過程中，他們真正從對方身上輸入的資訊是有天壤之別的。

內向者看到的是一個模糊的、解析度低的人。除了對方的性別、長相、外貌以及穿著等簡單的資訊，內向者從對方身上觀察到的東西很少。更多時候，他們把注意力都放在自己身上：

- 我應該說什麼？
- 我剛才那句話是不是不妥當？
- 我的表現是不是很差？

內向者不管與誰交往，眼中看到的更多是自己，而不是他人。這導致他們在人際交往中，能夠從外界輸入的資訊很少，因此可供輸出的也不多。

而外向的人正相反，他們把注意力完全放在對方身上，看到的是一個清晰的、高解析度的人。對方的一言一笑，一個微小的表情變化，一個不經意的肢體動作，都會彙集成豐富的資訊，源源不斷地輸入他們的頭腦中，加工成可供表達的想法和念頭。所以，他們在和別人聊天的時候話題如泉湧、信手拈來。這就是外向者的水龍頭裡永遠有水的真正原因。

人際交往中能不能對他人產生濃厚的興趣，是一個人會不會聊天的動力源泉。只有對周圍的人有好奇心，才會把目光轉移到別人身上，也才可能在心中產生很多問題，然後和對方交流。這是解決類似問題的最根本辦法。

當然，因為性格和習慣的問題，內向者對事物的興趣濃厚，而對人的興趣不大。這就從根本上決定了內向者在社交中的話題量不如外向者的大。但內向者也不必急於自我否定，就像我們之前提到的，一切社交行為都是圍繞我們的社交需求開展的。聊天也是如此，重要的不是和別人比較，不是分出誰聊得好誰聊得差，而是能不能滿足自己在這件事上的需求。

你喜歡聊天，那麼聊得越多就越好；你覺得沒什麼可聊的，那麼保持安靜也不錯。

主動式聊天：說你所喜歡的

關鍵字 寒暄・興趣

剛才我們探討的是內向者在聊天時找不到話題，經常不知道說什麼的深層原因。至於算不算問題，取決於個人的體驗和感受。如果沒有什麼不舒服，對生活和工作沒有太大影響，這就不是問題，順其自然就好。

如果你覺得很不舒服，或者為日常生活帶來很多不利的影響，那麼就需要走出自己的舒適區，主動找一些話題。怎麼做呢？

1. 聊一些輕鬆的話題

不管是人際交往，還是人際交談，最重要的都是人，而我們經常忽略這一點。以前我和人溝通時，最喜歡的是直奔主題，有事就說，事情說完了就撤，覺得這樣簡單、直接、高效，不拖泥帶水。那時最不喜歡見面時的寒暄，既沒什麼用，也沒什麼意義。寒暄是客套話嗎？多數情況下是的。但既然如此，它又為什麼一直存在呢？答案是，人們需要它。為什麼需要？我們只要關注一下人們在寒暄時說話的內容就知道了。

- 你是哪裡人？
- 你在哪裡上學？
- 你喜歡什麼好吃的？
- 你今天的衣服／髮型／包／錶怎麼樣？

人們聊這些，可能與接下來要聊的正事無關，卻與聊天的人密切相關。它傳遞的一個資訊是：我和你在談事情，對於我來說，你是最重要的，其次才是與你有關的事情。

正因如此，在聊正事前如果能閒聊幾句，就會讓人感覺更放鬆，彼此的心理距離會更近。如果不管和誰說話，都是一本正經，這樣的交流方式會有一種硬邦邦的感覺，總之不太舒服。

而這種不舒服的根源，就是對人的忽略。它傳遞的微妙資訊是：我對事情感興趣，對你不感興趣，事情比你更重要。這就會讓人討厭了。

因此，要想說話有溫度，關鍵是關注人，聊一些和對方有關的細節話題。一個人，只有自己本身被看見、被關注、被重視了，心裡才會暖暖的，也才會有熱情打開話匣子，主動和你攀談。

不喜歡寒暄，不喜歡外交辭令的客套話，對內向者來說是本能。沒有必要像外向者那樣寒暄。但是，適當地聊一些輕鬆的話題，拉近彼此之間的感情，對整體聊天來說也是有價值的。有價值其實就是有意義。

2. 聊自己感興趣的話題

人們常說，內向者不善言辭，其實這句話不準確。內向者並不是不喜歡說話，只不過很多時候覺得別人聊的內容不能打動自己，沒有想說的欲望。而當遇到自己感興趣的話題時，內向者也會滔滔不絕地談論。

我身邊有很多心理師朋友，其中有不少就是內向性格的人。他們在生活中往往很安靜，一旦聊到和心理有關的話題，他們馬上就會侃侃而談，彷彿變了一個人似的。

有些內向者在和別人交往時，因為害怕冷場，或者擔心別人不喜歡自己，會有一種討好傾向，覺得自己要說一些讓對方感興趣的話，這樣才能聊得起來。但內向者又沒有外向者那麼敏銳的社交觀察力，不知道哪些是對方喜歡的，哪些是對方不喜歡的，所以想討好也不知道該如何討好，陷入越逼著自己去說，越不知道說什麼的兩難境地。

在這種情況下，不如優先照顧一下自己的需求，先取悅自己，再取悅他人。也就是說，聊天的時候可以看看哪些是自己感興趣的話題，釋放和滿足自己的表達欲。如果對方恰好也對這些話題感興趣，交流就會變得容易又愉快。

即便有些話題只是單方面感興趣，這也是有價值的。一個人的興趣愛好就像標籤一樣，會提升自己在他人印象中的辨識度。經由你的分享，別人更容易認識和了解你，對拉近彼此的關係也有幫助。

我不說話，是因為我更願意聽你說

關鍵字　積極回應・傾聽・五〇%原則

聊天不僅僅是主動表達，當別人說話時，如何回應也非常重要。在這方面，內向者可以做些什麼呢？

1. 積極回應

有的人容易把天聊死，是因為習慣了一問一答式的溝通模式，別人問一句，自己就答一句，別人不問了，自己就保持沉默，不主動聊自己的想法和感受，也不觀察和詢問別人感興趣的事。這樣的互動方式，很容易讓人以為你沒有聊下去的意願和熱情，因此也失去了繼續談下去的興趣。

好的交流和溝通不是審問式的一問一答，不問就不答，而是你來我往的交流和分享，只有懂得積極回應，人們聊天的興致才會被激發出來。

什麼回應方式是積極的呢？多用「發生了什麼？」「然後呢？」這樣的回應方

式，可以鼓勵對方描述發生的事情，並在對方感興趣的細節上做深入的交流。使用「好幸福，真為你感到高興」、「你是不是感覺很難受」等表達方式，回應對方的感受，會讓對方有種被看見、被理解的認同感。既有表層資訊的交流，又有深層情感的連結，更容易贏得對方的認同和好感，讓對方願意和你進行深入交流。

2. 善於傾聽

人際交往中，表達的能力很重要，但還有一種能力也很重要，甚至比表達更重要，那就是傾聽。

聊天時，人都喜歡彰顯自己的存在感。能侃侃而談，成為焦點的人最有存在感。於是大家產生了幻覺：「越能說就越有存在感，別人就越喜歡你」。這也是內向者頭腦中容易出現的認知：「我不說話，所以我沒有存在感，因此不會有人喜歡我。」

事實並非如此：在人際交往中，我喜歡你，真正的原因不是因為你很好，而是和你在一起，讓我感覺我很好。聊天時，一個喋喋不休的人讓你感覺好，還是認真傾聽你、讓你充分表達自己意見的人讓你感覺更好呢？顯然，後者更讓人舒服。

所以，一個人如果想吵架，言辭越犀利、表達能力越強可能效果越好。但如果想和別人進行愉快的交流，提升彼此之間的好感，其實最重要的不是說，而是傾聽。

多數人都是自戀的，在關係中都希望自己被看見、被關注，只有被滿足了，他們才會覺得你是值得信賴的人。所以，善於傾聽的人，看似比較被動，但在拉近關係的層面上，其實已經比別人先走了一步。

在人與人之間的溝通中，說和聽其實是有排序的，越是在重要的事情或關係上，越要把傾聽放在首位。能言善辯不如洗耳恭聽，會不會傾聽也是一個人情商高低的重要區別。

對內向者來說，傾聽並非難事，甚至是一種刻在基因裡的本能。所以，一方面，我們要認同自己在這方面的天賦，不要被外界的聲音影響，誤以為說話少是問題。另一方面，安靜有安靜的魅力，話少有話少的價值。我們需要了解自己的特點，在人際交往中揚長避短，發揮自身的優勢。

傾聽時，內向者需要把握好五〇％原則。

內向者在聊天時習慣了聽，巴不得周圍的人能一直說，自己只要回覆「嗯、啊、好、是的」就行。而外向的人習慣了說，恨不能占用所有的時間，把自己心裡所有的話都傾倒出來，這樣才感覺痛快。但不管是聽也好，說也好，過度都會讓別人不舒服。前者容易讓別人覺得冷漠，心裡有隔閡，後者則容易讓別人覺得嘮叨，心生反感。

要避免這樣的情況，可以用五〇％的原則來調整自己。比如內向的人可以提醒自己，和別人聊天時聽的時間不能超過五〇％，這樣就可以有意識地促使自己多說一些。當然，現實情況是複雜的，五〇％不是一個硬性的標準，而是一個方向，提醒我們要改變自己的說話慣性，不要過度。總之，安靜可以，但不能太安靜。

冷場也沒關係

關鍵字 順其自然

對內向的、不善言談的人來說，我們可以花一些時間，消耗一些精力來緩解聊天時不知道該說什麼的問題，這是可以做到的。但是，能做到的也只是程度上的緩解。換句話說，你永遠無法消滅這個問題，你也永遠無法像外向者那樣輕鬆自如地駕馭各種話題。

緊張、大腦一片空白、冷場，這些曾經困擾過我們的問題會一直存在於我們身上，存在於我們以後的各種社交活動中。但這也沒有關係，隨著年齡增長，人生閱歷增多，很多事情的看法會發生改變。

聊天而已，想說的時候就多說幾句，不想說的時候就閉嘴。說不好沒關係，別人能聽懂就行；冷場也沒關係，誰說話沒有冷場的時候呢？

當你對一件事看淡了，做這件事時整個人也會變得很自然。你不會再把聊天當成一件很重要的任務，不會再絞盡腦汁地提前準備話題，不會再一邊聊一邊計較著什麼該說什麼不該說，而是將聊天這件事完全交給自己的感覺、自己的心情。

心情不錯，就多聊聊；心情不好，或者覺得聊得沒意思，就少說些，或者乾脆主動結束聊天。開始用感受而非頭腦來接管聊天時就順暢多了。這時你會發現，自己終於駕馭聊天，而不是被聊天駕馭了。

情境提案

正向溝通：一個情商很高的說話技巧

口拙的人難以駕馭語言，相對於能言善辯的人常常顯得木訥，沒有存在感。但不善言談的人就一定是社交中的失意者嗎？也不是。我們可以看一看自己的朋友圈子，是不是就有那麼一兩個嘴笨的朋友，而且這樣的朋友在你的心中還占有很重要的地位？

答案也幾乎是肯定的。那麼，他們是怎樣做到這一點的？這背後又是怎樣的邏輯呢？如果我們深入分析的話就會發現，那些嘴笨但是又讓人喜歡、甚至是敬重的人，都擁有這樣的能力：正向溝通。

正向溝通是一種理念：溝通的關鍵不在於語言上的技巧，關注技巧的溝通其實解決的只是表面問題。真正有效的溝通在於和他人相處時，你想把這段關係引向什麼樣的方向——是競爭，還是合作？

有的人很強勢，氣場強大，他們在與人相處時更喜歡對抗的感覺。這種類型的人很喜歡講道理、分對錯。一旦證明「我是對的，你是錯的，我就可以名正言順地掌控你，讓你順從我」。所以言語對他們來說，就是一件很好用的武器，可以用來征服他人。這種相處方式的特點就是把自己與他人對立起來，彼此是一種競爭關係，所以話語權很重要，決定了一個人在競爭中是處於優勢還是劣勢。

還有一種方向是建立合作。也就是說，兩個人並不是對立關係，而是合作關係。

我與你在一起，並不是為了掌控你，也不想征服你，而是為了合作，為了達成共識，這就是正向溝通。

應該怎麼做呢？簡單來說有三點。

1. 尊重和自己交往的人

關係是人與人之間的互動，所以你如何看待對方，對方有沒有被認同、被重視的感覺，對兩個人的相處是有很重要的影響。當一個人覺得對方是友好的、善意的時候，會有一種相處的模式；當一個人覺得對方是不懷好意的、對立的時候，則會有另外一種相處的模式。所以，你帶給別人是尊重的感受，還是不尊重的感受，激發出的是不同的回應模式，這是方向性的問題。

那麼，怎樣才能展現出對對方的尊重呢？

有一個最簡單的方法，就是在別人說話的時候認真傾聽，並及時回應對方。除了言語上的交流和附和，也要注意身體語言，比如經由注視著對方，或者點頭回應等方式，也可以顯示出對對方的重視。這樣，對方就會覺得你是在很認真地和自己交流，因此更願意深入交往。

2. 照顧別人的情緒

溝通是有兩層涵義的：一層是資訊的交流；另一層是情感的連接。比如，你的朋友被人欺騙了感情，很生氣，找你傾訴。這個時候如果你說：「生氣有什麼用？你該這樣去做」，並且提了很多建議。即使你講得對、很有道理，這時對方也很難聽得進去，因為這不是對方真正想聽的。

但是如果你說：「我能理解你的感受，誰碰到這樣的事都不好受」。那結果就會變得不同。這樣的回應就是在照顧別人的情緒，對方就會覺得有人能理解自己、懂自己，因而在情感上就能建立一種認同。

3. 相對於是非對錯，更重要的是找到共識

很多人在遇到問題和衝突的時候，會習慣性地分對錯，這一點可以理解，但是我們也要明白：有時候對錯是很難分清楚的，因為雙方立場不同，看問題角度的不同，對錯真的很難判斷。

這也是現實生活中人們在談論事情的時候很容易爭吵的原因。大家都覺得自己對，對方錯。很多錯誤就是在我們堅信自己正確的時候發生的。過於在乎對錯，代價就是感情容易被傷害。

所以，遇到衝突，尤其是事情比較複雜，也不好分對錯的時候，不要在這個問題上過於糾結，重要的是去思考怎麼解決這個問題。而解決問題的關鍵就是找到共識，這是需要雙方妥協才可能實現的。

在溝通的時候以合作為導向的人，有時候在處理問題的時候會吃一些小虧，比如有時候明明不是自己的問題，他可能也會主動妥協，以促使兩個人達成共識。看起來不夠聰明、吃虧，但收穫是能夠累積別人對自己的信任，讓別人知道並確信你是可以信任的人。

當越來越多的人認識到這點時，就會有更多的人與你合作，因為你能照顧別人的需要和利益。這樣越往後走，影響力就會越大，那時你和別人溝通時，其實就不需要什麼技巧了。這才是正向溝通真正的價值所在，它具有成長的力量，時間越久，你就越強大。

05

你不必討人喜歡，你需要的是被討厭的勇氣

你可以不發脾氣，但不能不會發脾氣。
不要輕易丟掉自己的攻擊性，它是你賴以生存的根本。

保持冷酷，不虧待每一份熱情，

也不討好任何一種冷漠。

插畫師：kelasco

衝突恐懼症

關鍵字　逃避・討好

衝突是人際關係中不可避免的事。不管是家人、朋友，還是同事，只要與人交往，就可能會遇到問題，產生矛盾，進而發生衝突。

人際間的矛盾和衝突帶來的負面影響是顯而易見的。社會心理學家大衛・約翰遜（David Johnson）說：「衝突會製造憤怒、敵意、痛苦、難受、持久的仇恨甚至暴力。」人的本能是追求快樂，迴避痛苦，面對衝突沒有人能夠保持淡定。

內向者害怕人與人之間的衝突，原因也不複雜。內向者在骨子裡就不太善於與人打交道，也不想在人際關係上花太多時間和精力。而衝突就像一顆炸彈，不僅帶來巨大的衝擊，還會將問題變得更加複雜和難以收拾。要想處理好這種棘手的局面，不僅需要高超的社交技能，還需要心臟夠大顆，面對混亂能沉得住氣，能頂住各種壓力。內向者對這些都不擅長，所以面對關係中的衝突時，就會像小學生面對微積分一樣，容易陷入習得性無助的狀態，經常不知所措，不知道該如何面對。

在這種情況下，內向者在面對衝突時形成了兩種主要的防禦策略。

1. 逃避

和他人有不一致或利益衝突時，總是習慣性委屈自己，成全他人。被占便宜，當作沒看見；被說壞話，當作沒聽見；遇到當面挑釁、欺負，總是忍氣吞聲，當作什麼都沒發生。

這種假裝問題不存在的處理方式，就是逃避。經由這種蒙住自己雙眼的鴕鳥戰術，避開一些不好對付的人，一些不好處理的事，遠離衝突，獲得一種解脫。

2. 討好

討好有兩種：第一種是預防性的討好。

兩個人會不會發生衝突，一方面取決於具體問題。比如是否有利益上的衝突、觀念上的差異。另一方面還取決於彼此之間的關係。陌生人之間可能會因為「你看什麼看」這樣極小的問題而發生很大的衝突，原因在於沒有任何關係和情感基礎。而好朋友之間因為關係好，所以再怎麼開玩笑、惡作劇也不容易發火，不會引發衝突。

內向者不善於處理關係，但通常對別人很客氣，不會輕易傷害別人，在別人需要幫助時也很少會拒絕。這是在提醒和自己交往的人：我沒傷害過你，所以當有一天我們發生利益衝突的時候，希望你也能對我諒解一點。

第二種是衝突發生時的討好。

當衝突真的發生時，不管誰對誰錯，訴求合不合理，只要和別人的想法不一致，就馬上繳械投降。

這樣的人最愛說的一個詞就是「對不起」、「對不起，都是我不對」、「對不起，都是我不好」。經由這種否定自我、成全他人的方式，解決眼前的衝突，避免矛盾的激化。

內向者面對人際關係中的衝突，不是避免發生，就是在發生時盡量減少火藥，避免事態擴大。這是內向者比較常見的應對和思考。

不虧待每一份熱情，也不討好任何一種冷漠

關鍵字 自我苛責．心理防衛機制

1. 逃避並不可恥

我們經常說逃避是可恥的，但事情往往沒那麼簡單。任何一種行為和處理方式，背後肯定有其必然存在的道理。比如迴避，我們都知道迴避問題不利於問題的解決。但很多時候迴避問題是必要的。比如你和好友因為一件小事發生了誤會，當你想平靜下來去解釋一下的時候，客戶打電話要去簽一個很大專案的合約。這個時候，你是去簽合約呢？還是馬上去解決這個誤會？

這個例子可能有些極端，但反映了真實生活中的面貌：每個人每天都要處理無數個問題，因此需要根據輕重緩急進行排序，需要清楚哪些是急需解決的，而哪些又是

需要暫緩處理的。

此外，有時候我們還沒有解決問題的能力，也需要暫時的迴避或者妥協。生活是複雜的，我們要意識到這種複雜。當然，也有很多時候，問題會像狗皮膏藥一樣貼在你身上，想混是混不過去的。如果還是一味迴避，不去解決，這些外在的衝突就會內化，成為內心的衝突。

有些人希望和周圍的人都能相處愉快，懷抱這種想法的人，很怕和別人發生衝突。如果有人對他們提出不合理的要求，或者明目張膽地占便宜，為了不把關係弄僵，通常不敢拒絕，而是用委屈自己的方式來化解外在的衝突。

表面上看，問題解決了，但其實並沒有。事情過去後，內心會陷入激烈而長久的衝突中，你會忍不住想：「我怎麼這麼軟弱！我怎麼這麼膽小！」這些聲音多了，就會逐漸對自己形成負面的評價：「我不行。我很差勁。」

當一個人的內心充斥這些自我苛責的聲音時，就會變得越來越不快樂，越來越脆弱。所以在生活中你會看到，越是單純的人，遇到真正的問題時就越是慌亂。他們就像溫室裡的花朵一樣，無法承受現實中的狂風暴雨。

2. 對別人再好，衝突也不可避免

《交往的藝術》(*Reaching Out*)一書的作者認為，如果你想從自己的生活中消除衝突，就如同想阻止地球圍繞著軸心旋轉一樣異想天開。不管你怎麼做，衝突都會發生。

你對別人再好，衝突也不可避免。因為，衝突的產生是有很多不可控的原因。

- 衝突往往跟雙方看重的事情有關

比如，週末，你喜歡宅在家裡，喜歡享受一個人的清淨；伴侶喜歡外面的世界，喜歡與人交往，覺得待在家裡簡直是浪費時間。在這種情況下，如何安排週末的活動往往會引起衝突。這樣的衝突不是誰對誰錯，而是在乎的事情不一致。

- 因為行為習慣不同，對另一方做事方式看不慣導致的衝突

有時候，一個人讓我們生氣，不是因為對方不做事，也不是沒做好，而是我們看不慣這個人的做事方式。比如一個雷厲風行的人，就很容易被一個做事慢條斯理的人弄得火冒三丈。也就是說，有些不滿不是因為對錯，而是人的喜好不同。

- 從不同的視角看同一件事，會有不同的感受

這種視角差異也很容易引起溝通中的衝突。世界上沒有完全相同的兩個人，生長環境、人生經歷以及年齡的不同，必然導致看問題的角度相異。但在溝通的時候，往往會有錯覺，認為對方知道我們是怎麼想的。其實，不明白說出來，很少有人能知道你當下內心的想法。當兩個人都沉浸在自己的想法中時，溝通就會變成雞同鴨講。你講東，他說西，你說具體事情，他講處事原則。在這樣的情況下，要想避免衝突太難了。

3. 討好並不能換來好

討好真的能換來別人對自己的認同和包容嗎？實際上並不能。在人際關係中，別人會如何評價我們是很複雜的事情，取決於很多因素，而且隨著時間流逝，這種評價也會發生改變。

假如你總是替他人著想，盡可能地幫助他，對方對你的好感和認同肯定會很高。但是這並不是對對方越好，他對你的評價就越高。人在心理上都有一種機制，也就是說不管遭遇挫折和痛苦，獲得滿足和快樂，從長遠的角度看，我們都會適應某種狀況。使我們減少對負面情緒的敏感度，保護自我；降低對積極情緒的興奮度，避免長期處於失衡狀態。

這代表當你對一個人好到一定程度的時候，即使你做得再多，對方對你的評價也不會再提高多少。一旦對方習慣了這種高濃度的好，某天或者某次你無力承受時，反而會引起對方的不適，甚至怨恨。

所以，討好的出發點雖然是為了獲得認同，但很多時候討來的可能不是好，反而是輕視，甚至是厭煩。

你要學會表達憤怒，當然也可以選擇憤怒地表達

關鍵字　目標・發脾氣・內在聲音

面對關係中的衝突，內向的人該怎樣應對呢？

1. 根據自己的目標來靈活處理衝突

無論是工作也好，生活也好，我們都應該有個自己的目標，這個目標是重要需求以及人生願景的展現。

我們每天都可能會遇到一些大大小小的衝突，衝突帶來的負面感受很容易影響我們。這時就需要選擇：哪些衝突需要立即解決，哪些可以暫時先放一放；哪些衝突需要妥協和忍讓，哪些需要堅持原則，展現自己強硬的一面。

梳理好這些取捨的依據和標準，就是你當下的生活目標。當你知道當下最想要的

是什麼時，就會知道有些事情和問題的妥協和忍讓是有價值的，它能讓我們集中精力，專注於對自己更重要的事情。因此，有時候對生活堅定的目標和方向感，也是幫助自己去應對衝突的重要工具。

總之，面對衝突不是不可以迴避；面對他人，也不是不可以討好。但要清楚，是一時的權宜之計，而不是唯一的選擇。

成熟的人知道衝突的複雜性，所以面對衝突時，也會根據實際情況靈活處理。這樣，我們才是在掌控衝突，而不是掉進衝突的漩渦中。

2. 敢於發脾氣

內向者在面對人際關係時，經常有理想化的傾向，就是追求純粹。比如，他們希望做純粹的好人。在與別人交往時，希望呈現單純、善良、有愛心的形象。展現真實，可能會讓別人不開心，甚至會打破「我是一個好人」的印象或人設。為了避免人設崩塌，很多時候，寧願犧牲一些自己的時間、精力甚至是利益，也會硬著頭皮頂上去。

比如，別人請求你幫忙做件事，即便你並不想這樣做，或者如果做了會讓自己受到一些不好的影響，然而糾結掙扎之後也可能選擇答應。因為你不想讓別人不開心。明知道有些人就是在占便宜，甚至是欺負你，但就是不敢發脾氣。一方面怕強化衝突，不知道如何收場。另一方面不想在眾人面前展現出生氣的樣子，擔心這樣的形象會讓別人不舒服，改變別人對自己一貫的良好印象。但是，發脾氣就會讓人討厭嗎？並非如此。

二〇二二年世界盃足球賽上，在阿根廷和荷蘭隊的比賽結束後，一向溫文爾雅的梅西在接受採訪時，突然對旁邊的荷蘭隊員發脾氣。原來是比賽中對方球員不斷用各種方式挑釁梅西，整場比賽火藥味十足。在這種情景下，連以好脾氣著稱的梅西也忍不住情緒失控。

一般來說，在公眾面前失控，做出不合時宜的言行舉止時，會遭受一些批評，引起反感。但梅西的行為並未讓喜歡他的人粉轉黑，絕大多數的人都給予他足夠的理解和包容。有球迷表示再老實的人也有被逼急的一天，還有球迷表示這才是「球王」應有的個性，霸氣側漏。

從這個例子可以看出，相對於完美的人，人們更喜歡有個性的人，因為這樣的人更真實。在生活中，如果我們觀察一下身邊的人，尤其是那些成熟的、取得了一定成就的人，就會發現他們身上都有一個共性：他們不會輕易傷害別人，不會一味地順從別人。在面對別人的傷害時也敢於展現自己的攻擊性，捍衛自己的邊界。

人際交往中，內向者需要提醒自己：「你可以不發脾氣，但不能不會發脾氣。不要輕易丟掉自己的攻擊性，它是你賴以生存的根本。」

3. 改變自己內在的聲音並去實踐

當一個人害怕與人衝突時，內在的聲音通常是：「要是和別人的想法不一樣，他不高興生氣了怎麼辦？」這種自我暗示會讓人越來越軟弱，越來越順從。想改變，可以把消極的內在聲音改換成積極的暗示：「要是不說出來，怎麼知道對方同不同意呢？也許結果沒有我想的那麼糟，我可以去試一試。」

當你改變了內心的聲音，對自己多了一些積極的心理暗示，在面對可能存在的衝突時，才會更加敢於表達自己的想法，更加敢於維護自己的正當利益。

當然，光想是不夠的，重要的是，你要勇敢地去做。在真正面對衝突的時候，你不再逃避，不再討好，看看會發生什麼。

舉個例子，我還是新鮮人的時候，很害怕發生衝突。合作夥伴中，有個人比較強勢，經常提出一些過分的要求，為自己謀取更多的好處。平時，為了保持好的關係，我都會讓步。後來有一次，因為別的事心情非常糟糕，正好他又打電話來，提了很不合理的要求，然後我實在忍不住了，就非常堅決地拒絕。

在拒絕的時候，一方面我的態度很有攻擊性，把自己的不滿完全展露出來；另一面我也把自己拒絕的理由說得很清楚，讓對方知道我為什麼拒絕。本來我以為我這樣的做可能會讓合作關係破裂，但沒想到，對方見我突然發這麼大的火，這麼強勢，態度就好了很多，對我的質疑有了一些解釋，不合理的要求也不提了。事後，我們的合作關係也絲毫沒受影響。

這樣的經歷讓我意識到，人與人之間有衝突是正常的，敢於表達不同的想法，敢於捍衛自己的利益也不會帶來災難，有時候反而會讓別人更尊重你。

最重要的是去經歷、去體驗，只有在做的過程中發現有些事情是可以的，而且效果良好，以後才會更積極地去嘗試。

衝突是常態，有些事不是讓路就能解決的

關鍵字 接納・解決

一個人內心的成熟，是從敢於正視衝突開始的。正視有兩層含義。

第一層含義是接納衝突的存在。

電影《幸福綠皮書》裡有一句話：「這個世界很複雜」。確實，這個世界一切都是複雜的，人是複雜的，關係是複雜的，情感是複雜的。複雜必然帶來矛盾，矛盾帶來衝突，衝突帶來痛苦，這很正常。一件事你接納它，心態就會好很多，不會因為它的存在和出現而憤憤不平，這就是一種成熟。

第二層含義是解決衝突，尤其是外在的衝突。

雖然不是所有的問題都能解決，但只要你想辦法去化解，總能解決一些問題。當

衝突多化解一些，內心也會多一些和解，更多的生命能量被激發出來。這些不斷累積的能量，就是我們遇到新問題時的底氣。

問題是永遠解決不完的，所以內心的衝突也會永遠存在。但這並非壞事，生活就是痛且快樂著，因為這種不好受，我們才更有動力去提升自己，進而遇見一個更好的自己。

情境提案

以和為貴，還是直球對決

內向者在生活中一直講究以和為貴，即便遇到不愉快的事，能忍也就忍過去了。一方面是他們害怕和別人發生衝突，另一方面是不想自己像別人那樣大吵大鬧，這樣顯得自己水準低。但事情過去後，內向者會發現自己內耗很嚴重，覺得自己太懦弱，太沒尊嚴。

面對這樣的問題該怎樣處理？是繼續克制自己，做個老好人，還是直接直球對決？關於克制自己和直球對決，這確實是個經常讓人難以決定的問題。但真正的重點不是在於哪個好或哪個不好，這兩種處理方式都有自身的價值。

自我克制的應對方式文明，直球對決勇敢。有些情況下用文明的處理方式更合適，比如遇到很重要的事情，或者遇到很重要的人時，盡量謹慎一點，處理時多用些耐心，就不容易犯大錯，或者避免遭受大的損失。但有的時候直球對決更合適，比如對方確實咄咄逼人，很不講道理，或者侵犯了你，這種情況下就要勇敢一點，理直就能氣壯。

遇到的問題不同，最佳方案也不同。對於個人來說，最大的問題是用單一的方式去處理所有問題。比如，一味忍讓或一味用簡單粗暴的方式處理。前者讓自己受委屈，累積負面情緒；後者破壞人際關係，有損自己的親和力。這些副作用在單一的事件不明顯，但累積下來就會發生較大的影響。

內向者習慣了在關係中以和為貴。只是，沒有必要所有事情都這樣處理。當別人真的很過分時，你可以表達你的攻擊性，偶爾發一下脾氣，並不會影響你是個和善的人，喜歡你的人照樣喜歡你。更重要的是，這樣處理可以釋放你內在的情緒，緩解內在的壓力。當然，對你來說可能並不容易，因為人都是有慣性的，即便偶爾做非常態的自己也會有很多心理壓力。

所以，不必逼著自己改變，順其自然，等有天在某件事上真的忍不住了，適時發火或者表達自己的攻擊性，你可以看看會發生什麼，你會對這個問題有更真切、更深刻的理解。

好和壞都是生活的一部分，也是每個人身上的一部分。生活不完美，我們自己也不完美，這沒關係，我們活著其實不是為了完美，而是活出真實的自我。

06

關係中，和誰在一起真的很重要

適當的拒絕不是冷酷，更不是一種錯誤，
而是在成人世界裡生存的必備要素。

最美好的愛情不是玫瑰與驚喜，

而是你來了以後就再也沒走。

插畫師：kelasco

社交中可以被動，選擇朋友要主動

關鍵字 自我癱瘓・主動選擇

在一次活動中，作家村上春樹問九十歲的單簧管演奏家北村英治：「有什麼保持健康的祕訣嗎？」

北村英治說：「做自己喜歡的事情，不和討厭的人來往。」

村上春樹笑著說：「這確實是個好辦法。」

我非常喜歡這段對話，因為它揭示了社交的精髓。人際交往並不是漫天撒網，結交的人越多越好。相反，我們需要具有一種篩選的能力，即要有意識地選擇交往的對象。

在選擇的標準上，外向者和內向者有很大不同。外向者注重交往的數量。他們喜歡和各種各樣的人接觸、交往，遵循的交友原則是多多益善。同時，外向者參加社交是為了實現自我的想法和意志，所以他們喜歡掌控和駕馭各種關係。也就是說，在選擇與什麼人交往時，外向者通常很主動，有明確的目的性。他們知道該和誰交往，不該和誰交往。

內向者更注重交往的品質。他們只和少數信任的朋友保持長久而親密的關係，遵循的交友原則是少而精。在親密的社交關係中，他們知道該和誰交往，但一旦離開了自己的密友圈，和不太熟悉的人交往時，他們容易陷入自我癱瘓狀態。

所謂自我癱瘓狀態，指的是一個人獨處的時候很清醒，自己喜歡什麼、想要什麼、該做什麼、不該做什麼，都有很清晰的想法。但只要一與人相處，就如同被下了藥，別人說什麼都覺得可以，做什麼都覺得沒問題，沒有了自我的思考和判斷，只能被動地順應他人。這種特質帶來的風險是：「倘若你遇見的是善良的、可靠的人，一切都好；但如果你遇見的是壞人、極端的人，可能就會讓自己暴露在危險之中。」

內心的聲音

走得越近，我越感覺不舒服。

內向的小艾大學畢業，初入職場的時候，遇到一個很熱情的同事。同事平時對小艾很照顧，工作上幫了不少忙。後來同事問要不要合租，因為一個人房租負擔高，平時兩個人還能有個照應，小艾就答應了。但是，真正合租後，小艾卻越來越不舒服。

同事是很熱心，但熱心得有點過頭。不管小艾做什麼事，她都要打聽。有時候朋友打電話過來，她也要豎起耳朵聽個仔細。之後，還追著小艾問：「誰打過來的？你們是什麼關係？」諸如此類。剛開始，小艾還會耐心說明或應付一下。但次數多了，小艾覺得自己就像《楚門的世界》裡的主角，時時刻刻都被盯著、監視著，很恐怖。

可是，內向的人有個不太好的習慣，不會說不。所以，小艾即使心裡不舒服，礙於兩人同事兼室友的關係，也不好意思直接表達出來。結果，小艾只能委屈忍著。後來，房子租期到時，小艾找了理由搬走。再後來，同事一直追問為什麼不和她合租了。小艾又不好說出真實的想法，於是就狠下心，連工作都辭了，這才徹底擺脫了這位同事。

某些心理學家認為，內向者很少主動與人接觸，大多數情況下，他們是被動地等待別人和自己打招呼，等待別人主動靠近來和自己交往。這是內向者的一個特性。但世界上有那麼多人，並不是所有的人都適合交往。有些人是過於自我或自私，不值得交往；也有些人是三觀不同，彼此差異太大，不適合交往。所以他們提出了一個觀點：

內向者可以被動社交，但一定要主動選擇和誰交往，不和誰交往。

簡單來說，在與人交往時要有意識的篩選，懂得該讓誰走進自己的世界，該把誰拒之門外。

至於該和誰交往，這是很個人的問題，每個人都可以根據自己內心真正的需要，聽從內心的聲音。如果你更渴望情感上的滿足，可以多和溫暖有愛心的人交往；如果你更看重個人的成長，希望自己做事能力上能夠不斷進步，那就多和一些有進取心、能激勵自己的人相處。

總之，先想清楚自己要什麼，明白自己在關係中的需求點，然後根據自己的需要去主動選擇想要交往的人。

需要注意的是，人際交往中經常有些陷阱，一旦誤入，可能會給自己帶來無盡的麻煩。也就是說，對內向者而言，有些類型的人需要謹慎交往。

任何消耗你的人，多看一眼都是你的不對

關鍵字 控制・製造內疚・習慣性抱怨

1. 控制型的人

控制型的人最典型的特徵是，我會對你很好，把你當成最好的朋友，當成自己人，但前提是一切都要聽我的。與控制型的人交往初期感覺很舒服。他們通常既熱情又有魅力，不管有什麼需要，他們都能滿足你，讓你體驗到被無條件認同和支持的歸屬感。但交往久了會發現：「你不可以有自己的想法」。

不管是聊天也好，一起做事也好，你都要按照他的想法和意志，聽從他精心的安排。一旦在某件事上你不聽話，按照自己的想法，他就會暴怒。

我們經常說，好的關係就是讓大家都可以坦然地做自己。但是，控制型的人不允許別人有自己的想法。他們經常有意或無意地貶低和自己想法不一致的人，認為別人的想法都太幼稚、太不成熟，只有自己才是唯一正確的。

和這樣的人相處久了，你們之間就不再是平等獨立的關係，而是依附與被依附、控制與被控制的關係。在這種關係中待久了，你會感到越來越壓抑，甚至是窒息。因為你的自我意識被消滅了，你不再為自己而活，而只為對方存在。

如果你是一個很獨立、想按照自己的意志活出自我的人，最好對控制型的人敬而遠之，他們再熱情、再優秀也不是你的菜。

2. 製造內疚感的人

人無完人，生活中我們總會做錯一些事情，影響別人，或者讓別人失望。這個時候我們會感到內疚。

心理學家蘇珊・佛沃（Susan Forward）認為，我們心中的內疚就像感應器，一旦接收到他人（或外界）發送的訊號，就會在內心當中激發出內疚的感受。有時候訊號是準確的，你確實搞砸了一些事情，這時的內疚是正常的。但也有些時候，訊號是不準確的，你其實並沒有做錯什麼，但由於一些原因，你自認為做錯了，於是感到內疚。蘇珊把這種情況稱為錯誤內疚。

有些人在和別人交往時，很善於用各種手段製造錯誤內疚，好讓別人覺得虧欠了他。

「要不是因為你，我才不會受這個苦！」

「我現在這麼辛苦，還不都是因為你？」

他們通常把自己包裝成總是在付出、在犧牲的人。言外之意就是，你的快樂是建立在別人痛苦的基礎上，你的幸福是建立在別人犧牲的基礎上。人都有道德感，不想在情感上虧欠別人。所以，聽到這樣的話很容易感到內疚。

一旦你感到內疚，就希望做些什麼來彌補，就會對他們的要求言聽計從，因此成為一個被操縱者。這兩年，網路上熱議的PUA，其中有一種手段就是用製造內疚來掌控他人。

因此，我們在與人相處時，尤其是感到內疚時，先別急著認定自己有罪。而是覺察一下，這樣的內疚是真的錯在自己，還是另有隱情？如果你和一個人在一起經常感到內疚，並且找不到自己明顯的過錯，那就意味著你很可能被PUA了。

3. 習慣性抱怨的人

抱怨人人都有，一旦成為習慣就會成為問題。

我們經常會發現這樣的人。他們老是把自己遇到的問題或煩惱和大家分享，起初有人出於好心去安慰，或給予處理問題的建議。但時間久了就會發現，他們似乎不想真正解決問題，只是想吐槽和發牢騷，宣泄自己的不滿情緒。之所以一直抱怨，是因為不反省自己，將問題歸咎到他人身上，認為都是別人的錯，都是別人的責任。

愛抱怨的人通常沒有傷害別人的動機，但他們無意識地把身邊的人當成情緒垃圾桶，不管有什麼負面情緒，都傾倒給那些熱心傾聽的人。情緒具有傳染性，當我們和幽默風趣的人在一起，就能夠感受到積極樂觀的能量，並從中受益；而當我們和一個滿腹牢騷的人在一起，自己也會變得焦躁不安。在某種意義上，吸收太多來自他人的負能量也是一種精神中毒。

內向者外冷內熱，同理心強，面對別人的困難總是有一種想拯救的衝動。面對愛抱怨的人，他們很難拒絕，於是很容易越陷越深，成為別人的情緒垃圾桶，為自己的心理和生活帶來不利的影響。

別讓沒有底線的信任毀了你的生活

關鍵字 信任強迫症．信任門檻

遠離不合適的人，不與討厭的人交往，看似簡單也容易做到，但實際上並非如此。對一些內向者來說，很多時候明知道對方可能有問題，或者這種交往讓自己不舒服，但依然深陷其中難以擺脫。造成這種情況的原因是，在我們內心深處隱藏著核心信念，阻礙我們做出正確的決定。

對內向者來說，最常見的是這樣一種信念：我應該信任別人。人際關係中最美好的事，莫過於信任與被信任。信任，是促進親密關係，昇華人與人之間相互理解與認知的重要途徑。

但是我們也發現這樣一種現象，有些內向者非常認同信任的價值，同時把信任的能量提升到一種神聖的位置。心理學家亞伯．艾里斯（Albert Ellis）曾提到過一個概念：必須強迫症。

在很多人的頭腦中有一種應該式的陳述：

- 我應該做這個。
- 我應該信任別人。

擁有這種信念的人對世界、對他人有一套自己的想法和理念，符合這個理念的就是對的，就應該去做，哪怕會受到傷害；不符合的就是錯的，絕對不能去做，哪怕這樣可以保護自己。很多內向者的內心是天真而純粹的，所以更容易患上信任強迫症，即認為信任是人際交往中美好的品質，自己應該這樣做，也必須這樣做。即便因此而受到傷害，那也是別人的錯，不是自己的問題。但是，如果不信任他人，自己就是壞人，內心會焦慮和不安，並因此感到痛苦。

內向者行為處事的方式，就是做自己認為對的事。至於這件事能不能給自己帶來現實的好處，有時候並不重要。他們覺得信任他人是對的，那就要堅持，即便被辜負也要堅持。

僅從道德的角度看，這樣的人是無可挑剔的好人，他們單純、善良，令人敬佩。但從現實的角度說，一個人要想活出真正的自我，僅僅靠單純和善良是不夠的。單純和善良是我們頭腦中理想化的品質，可以去追求，但不能把它當成一種客觀現實。

現實的世界是複雜的，這個世界裡的人也是複雜的，我們接觸外在的人和事時，一定要意識到這種複雜性。在人際交往中，你與他人相處得怎麼樣，一方面取決於你怎樣看待對方，另一方面也取決於對方如何看待你。你很善良，但對方是自私鬼，甚至是大壞蛋，那麼你的善良和信任就會變成一把鋒利的劍，可以輕易刺傷你。

所以，信任是一件好事，但在現實生活中，我們不能片面認為自己要在所有的時刻信任所有的人。這樣就不是單純，而是幼稚了。

對內向者來說，在人際交往中，我們要設立自己的信任門檻。

人際關係中有個很重要的原則：互惠。信任也是如此，想讓別人信任自己，就需要去做一些事情，證明你值得別人信任。在看待與自己交往的人時，要不要信任對方，也需要對方去做一些事情，讓你感受到這個人是可以信任的。

贏得你的信任也是需要門檻的，得達到一定條件才可以，並不是無條件。你和他人才能夠真正建立起一種平等的、良性互動的關係。信任是件好事，我們應該珍惜它，而珍惜它的方式不是盲目地遵從它，而是讓自己變得聰明起來。

就像齊天大聖孫悟空一樣，你只有擁有了火眼金睛，能一眼看出周圍的妖魔鬼怪，並將它們排除在外，你的信任、你的善良才能換來好的結果。

成年人的分寸感，是一種點到為止的默契

關鍵字 **心理邊界．學會拒絕**

建立自己的信任門檻後，還有一件事很重要，那就是守護好自己的心理邊界。心理邊界這個概念由心理學家恩尼斯特．哈特曼（Ernest Hartmann）提出，指的是人與人之間內心的自我界限。我們每個人都有一條看不見摸不著的心理邊界，將我們與外界區分開來，確保我們作為獨立的個體，維護自己所需要的心理空間、自我意志、自我責任等。

心理治療師內達拉．格洛弗．塔瓦布（Nedra Glover Tawwab）認為，好的邊界意識可以幫助人在人際關係中體驗到安全與舒適的預期和需求。不僅可以決定你在他人生活中扮演的角色，也可以決定他人在你生活中扮演的角色。

內向者對他人的生活興趣不大，通常不會過多地侵入別人的邊界，不會主動介入別人的生活。但在面對一些熱情的、強勢的，或者善於操縱他人的人時，往往很難守護好自己的邊界。

內向者在與人交往時不會輕易喜歡一個人，但也不會輕易拒絕一個人。他們下意

識中會用能不能承受來衡量一段關係。一個人即便某些方面讓自己不舒服，但能承受，就不會輕易遠離或斷絕關係。內向者封鎖一個人，往往是因為忍無可忍，實在無法承受才不得已而為之。

這樣的包容往往會讓別人更加不尊重你的邊界。同事要你做他們該做的事情，你不好意思拒絕，別人就會覺得你好說話，時間長了，大家甚至會覺得讓你幫他們做事是應該的。人際交往的過程，不僅是一個相互了解的過程，也是相互試探個人邊界的過程。

當我們與他人開始交往時，有些人可能會做出不友好的舉動，甚至是用言語挑釁你，你可能覺得莫名其妙，不可理喻。但這種不對勁背後是一種試探，經由離譜的言語或舉動來試探你的底線和心理邊界。

如果你沒有拒絕，或者說口頭上拒絕，但行為舉止默認甚至接受。對方就會覺得不必尊重你，你可以被欺負。所以，想要不被傷害，一定要在第一時間回絕對方：不僅是語言上的拒絕，更重要的是身體和行為上的拒絕。

當你不想做一件事，不想與一個人交往時，直接拒絕是最好的處理方式。適當的拒絕不是冷酷，更不是錯誤，而是在成人世界裡生存的必備要素。這個世界不僅是有好的、友善的一面，也有很多殘酷的、弱肉強食的一面。沒有自我界限的意識，不懂拒絕的人，在善良的人面前或許有好的印象和評價，但在自私的、兇狠的人面前，得到的卻是這個人很軟弱，可以欺負的攻擊性許可。

在現實生活中，越是容易妥協、不斷退讓的人，越是容易被一些壞人壓榨和利用。所以要想在社會上生存，就要有說不的勇氣和捍衛個人邊界的能力，這會在關鍵時候保護你避免受到一些不應有的傷害。

你需要非常認真地思考一下，兩個人相處的時候，什麼樣的事情對你是不那麼重要的，是可以妥協的，什麼樣的事情是非常重要的，必須遵從自己的意願的。確定這些，就可以經由反覆的交流和溝通，讓對方明白你的想法和意願，然後堅持自己的邊界和底線。

如果對方能夠理解你，並能做出讓步和妥協，就證明你在這段關係中可以找到自己的空間和做自己的自由，這樣的關係還是可以挽救的。但如果你堅持自己的想法，對方不僅不去反省，還用憤怒和指責等方法，逼迫你改變自己的想法，不尊重你個人的想法和意志。這樣的情況下，最好的應對方法就是遠離。

情境提案

情境1：拒絕話術

生活中，我們都不喜歡拒絕別人，但很多時候不拒絕不行。令內向者比較頭疼的是，即使鼓起勇氣拒絕，也不知道說什麼話既能拒絕別人又不會傷感情。這裡，我們分享一些拒絕別人的話術：

❶ 不好意思直接拒絕別人借錢，可以嘗試喧賓奪主法，主動出擊。

拒絕話術：「我也想幫你，但最近手頭比較緊，也沒有錢，本來還想向你借錢呢。」

❷ 適當自謙，指出自己的能力不足以勝任。

拒絕話術：「這個我真不行！」「不然你問問××吧！」「真抱歉，我不會處理啊！」

❸ 避免過度解釋原因，以防對方利用你的愧疚。

拒絕話術：「我要去忙……這次沒辦法幫你了，不好意思啊！」

❹ 如果擔心反射弧太慢，我們就盡量延後給答覆。給自己反應和思考的時間，

也就能更從容地拒絕別人。

拒絕話術：「現在有點忙，稍後回覆你！」「我想一想，等會和你說。」

❺ 不擅長拒絕，可以不明著拒絕。不妨先肯定別人，再以委婉拒絕的方式提出自己的想法。

拒絕話術：「可以教你，不過我現在比較忙，下午我忙完再幫你。」（如果對方著急就會找別人了。）

情境2：如何與討厭的人相處

這個世界很複雜，不管你怎麼迴避，怎麼盡力閃躲，總會出現自己討厭的人。而且，有些人不是你想躲開就能躲開的，所以，如何學會與討厭的人相處，是個需要正視的問題。怎麼去正視呢？這裡分享三個方法

1. 方法一：當壞人

如果一個人欺負了你，最好的回應方式是什麼？講道理嗎？並不是。講道理是善良人對善良人，或者正常人對正常人的溝通模式。倘若對方不是講道理的人，而是想從你身上尋找支配的快感，這個時候，你稍微弱一點就會給對方：「嗯，這個人可以欺負的訊號」。

遇到這種情況，最好別太理性，多尊重一下你內心的聲音，該反擊就反擊。人都有不好的一面，當別人用不好的一面對你時，你也要拿出不好欺負的架式，以牙還牙，才可能讓對方盡快地冷靜下來，開始和你講道理。

生活中，如果你是脾氣很好、很少發火的人，強烈建議你嘗試一下這種處理方式，操作起來很簡單：

- 說話聲音大一點，尤其是要比對方的聲音大；
- 面目難看一點，讓對方看起來越討厭越好；
- 態度強硬一點，拿出一種「別惹我，我也不好惹」的架式來。

體驗過之後，你會有一種渾身充滿了力量的感覺。然後，你也會明白為什麼有的人動不動就吵架，因為吵贏太爽了。但是，如果你本來就是脾氣不大好容易衝動的人，慎用這個方法。柔弱者的憤怒是一劑強心針，可以賦予自己勇氣；但暴躁者的憤怒則是炸藥包，很容易毀滅包括自己在內的整個世界。

2. 方法二：身心分離法

有些情況、有些人是不太適合直球對決的。

比如你的老闆無故對你吹鬍子瞪眼，或者你家親戚問東問西，打聽你的隱私。這種情況下做惡人不太合適，畢竟關係密切，還不到可以決裂的程度。講道理也不太合適，很多時候你有你的道理，別人有別人的道理，當大家都有各自的道理時，拚的就不是道理，而是其他東西。

- 職位：老闆＋道理大於員工＋道理
- 輩分：長輩＋道理大於晚輩＋道理

如果你覺得對方有時候很討厭，心裡默默抱怨兩句即可，不宜表現出來。另外，當對方正在對你施暴，在你面前嘮叨個沒完時，可以學學孫悟空，將自己的肉身和靈魂分離。想像自己身在美麗的海灘上，周圍都是療癒的海浪聲，還有海鷗的鳴叫聲。你也可以想一兩件之前遇到過的趣事，回味一下曾有過的美好時光。

總之，讓現實中難熬的時光在精神上不太難熬，討厭的人帶給你的傷害值就有機會調到最小。

3. 方法三：提升自我法

生活中，面對不好相處的人，你會發現不同的人有不同的反應。有些人很受傷，覺得自己被深深地傷害了，會陷入那種難過無助的情緒中，並且很長一段時間無法走出來。而有些人則是一副無所謂的樣子，就像夏天被蚊子叮咬了幾下一樣，抓一抓就過去了。反應之所以不同，關鍵就在於內心的強大程度。內心強大的人，有兩點做得比較好。

一是相信自己。準確來說，是相信自己沒那麼容易被傷害。在他們看來，周圍的某個人再討厭，那是他的事情，並不會對自己有實質性的影響。自己是個成熟的人，所以，討厭就討厭，不好相處就不好相處，反正這是世界不可或缺的一部分，只要做好自己就可以。

擁有這種心態的人，內心就像多了一層保護罩，可以坦然面對生活中形形色色的人，而不會像肥皂泡那般，一碰就破。

二是他們很善於看見事情的另一面。有些人確實折磨人，但這種折磨並不是完全沒有意義的。有一句話說得很好，生活就是一個不斷受難的過程。有些人的存在，是為了讓我們感受到生活的美好；而有些人的存在，是用來考驗我們、磨練我們的心理韌性。經受過了這種考驗，你的包容性才會更強，格局才會更大，眼界才會更遠。這也是生活中有些讓我們不舒服的人和事的意義所在。

洞察了這些，痛苦感受才會轉化成有利於我們內心成長的能量。

07

安靜，是一種獨特的異性魅力

一個充滿了鈍感力的內向者，或許不是人群中最亮眼的，
但絕對是最讓人信賴和難以拒絕的。

內向的人告白，句句不提愛你，句句都是愛你。

插畫師：kelasco

我喜歡你，但我不敢愛你

關鍵字 **隱藏情感**

當你喜歡上一個人時，會怎麼做呢？

外向者通常敢愛敢恨，喜歡一個人就會主動出擊。他們要麼假裝不經意地出現在對方的視線裡，製造各種偶遇和邂逅；要麼乾脆發起正面攻擊。

內向者正好相反。他們越喜歡一個人，越不敢靠近。我有一個大學同學，喜歡班上的一位女生。但他喜歡人家的方式，就是上課的時候偷偷看兩眼，從不敢主動靠近。有時候在路上遇見，或者在圖書館的樓梯相逢，他都緊張得說不出話來，匆匆一笑就落荒而逃。結果四年過去，女生連他名字都記不清楚。

這是很多內向者在感情中的典型特徵：隱藏情感，不輕易表露自己的真實想法。喜歡一個人時，他們不會說喜歡。不喜歡一個人時，他們也不會說不喜歡；總之，一切都不動聲色，像大海裡的暗流，內心深處或許已經洶湧澎湃，但表面上還是風平浪靜。

這樣的人身心往往是撕裂背離的。他們內心越嚮往的，外在可能會越抗拒。

- 內心：我好想啊！
- 身體：你不可以！
- 內心：我好喜歡這個人。
- 身體：你不可以表現出來。

結果就是，他們的身體像具有魔力的封印一樣，牢牢鎖住了內心的衝動。於是在關係中，就出現了一個很奇特的現象：明明你很喜歡一個人，但就是不敢靠近。不但不靠近，甚至還朝著相反的方向逃離。這樣的人，就像愛情戰場裡的潛伏者。愛得越深，隱藏得也越深。

為什麼面對喜歡的人時，外向者和內向者有這麼大的差別呢？從根源上說，因為他們在感情中的自我狀態不同。外向者更自我。他們說我喜歡你的時候，潛意識中暗含了這樣一種排序：我喜歡＞你喜歡。

也就是說，雖然我希望你喜歡我，但更重要的是我喜歡你。相對於你的感覺，我更在乎自己的感覺。所以，即便被拒絕，但只要自己還喜歡對方，他們就會鍥而不捨繼續追下去。

這樣的排序再深挖一點就是：我＞你。

我比你更重要。因為這樣一種不易覺察的心理優勢，他們在他人面前，才可以毫無顧忌地表露自己的情感。

內向者則相反，在感情中，他們更在乎你。他們在反覆思考一萬遍後終於顫顫巍巍地說我喜歡你的時候，潛意識中也暗含了這樣一種排序：你喜歡＞我喜歡。

內向者認為：相對於我的感受，我更在乎你對我的態度，如果你不喜歡我，那我所感受到的一切都是徒勞和沒有意義的。這樣的排序再挖深一點就是：你＞我。

你比我更重要，所以一旦你拒絕、否定我，對我來說就可能是災難性的，這個後果太嚴重，難以承受。一位內向的人曾這樣描述自己的感受：一想到會被拒絕，還可能會被討厭，我就不敢上前。

沒有人會拒絕愛，但他們又真的很害怕，害怕自己喜歡的那個人一點也不喜歡自己。所以，如果不能百分百地確定對方也對自己有好感，內向者很難表明自己的心意。

不要把你喜歡的人想得太好

關鍵字　正向錯覺・冒牌者症候群

美國心理學家羅伯特・布萊克（Robert R. Blake）說：「愛讓人渴望，又讓人恐懼」。這種糾結和衝突用在內向者身上格外貼切。之所以如此，緣於他們在感情初期的兩種心理傾向。

1. 傾向一：把喜歡的人想得太好

面對喜歡的人，內向者容易把對方想像得很完美，完美得像神一樣高高在上，可望而不可即。心理學上把這種傾向稱之為「正向錯覺」。心理學家羅蘭・米勒（Rowland S. Miller）認為，正向錯覺就是對自己喜歡的人建構善意和大方的認知，突出他們的美德而縮小他們的缺陷。陷入這種錯覺的人猶如戴上一副玫瑰色眼鏡，只能看到對方身上好的、閃閃發光的一面，而看不到對方身上不好的、有瑕疵的一面。

在積極錯覺的加持下，我們的腦中會形成理想伴侶的形象。這個伴侶投射了很多我們對愛情的願望和想像，比如顏值、性情、待人處事、才華等等。我們把這些想像投射到喜歡的人身上，以為對方就是這個樣子，集合了自己所有想要的美好。

越是讓人癡迷的愛越是盲目，因為我們愛上的不是真實的對方，而是被自己的願望美顏後的對方。一旦美顏失效，愛情的大廈就很容易崩塌。

2. 傾向二：把自己想得太差

感情中，當我們把對方想得過於完美，甚至像神一樣去仰望和膜拜時，下意識地就會貶低和否定自己。

「見了他，她變得很低、很低，低到塵埃裡。」這句話也是對張愛玲在感情中自我狀態最傳神的描述。內向者也如此，看喜歡的人永遠是光彩照人；看自己永遠是各種不滿意。

內心的聲音

我覺得自己太不起眼了，別人都比我強。

我曾經有一位個案是研究生，身邊的人都覺得她很優秀，但唯獨她自己不覺得。她一直堅定地認為自己很糟糕：性格內向，有容貌焦慮，不會化妝，不夠白，不夠瘦。其實她本人長得很漂亮，男朋友也說她是大美女。但她總覺得男友是在安慰自己，只是對自己的一種鼓勵。有時候看到鏡子裡的自己，她也會有一絲的雀躍，感覺自己長得還可以。但很快，當她看到學校裡別的女生時，會覺得別人長得好好看，而自己太遜色了。這種習慣性的自我否定讓她無法好好享受美好的戀愛時光。

明明自己很好，但總覺得自己不夠好；明明自己不差，但總覺得自己很差，這種自我認知上的反差在心理學上有個概念，叫「冒牌者症候群」，又稱「自我能力否定傾向」，指的是一個人不管多優秀，總覺得這不是事實。他認為自己就像冒名頂替者一樣在冒充優秀。他們總是擔心，一旦別人看到了真實的自己，就會大失所望，不再喜歡自己。

很多內向者都有這種冒牌者症候群心理。他們固執地認為自己不夠好，或者好的我只是暫時的，轉瞬即逝的，而不好的我才是永恆的。結果就是，越愛越自卑，越愛越不安。要扭轉這兩種傾向不是一件容易的事，但我們可以做如下嘗試。

首先，不要把你喜歡的人想得太好。我們之所以覺得對方什麼都好，是因為接觸得比較少，不了解人家的各方面。在有限的接觸中，又因為積極錯覺只關注對方身上好的一面，所以就產生了別人總是比自己好的幻覺。這種幻覺很真實，但不是事實。

人與人之間的差別其實不大。如果你自己不完美，也應該想到你喜歡的那個人同樣不完美。對方挺好的，你也不錯，你們兩個人在感情中是平等的。所以，不必仰視對方。當然，道理容易想通，現實中真正做到往往很難。擺脫理想化視角的關鍵，還是在於勇敢地往前走一步，靠近對方，多和對方接觸。只有接觸得多了，你才會發現之前不容易察覺的一些細節。

- 真實的對方是什麼樣的？
- 對方有什麼樣的生活習慣？
- 對方有哪些讓你抓狂的小癖好？

越靠近一個人，就越容易看見具體而真實的人。這時你會發現，原來他和自己一樣，有一些優點，也有一些缺點，都是平平凡凡的人。這樣的體驗多了，你看待異性的時候，就會從神話走向人間，越來越能平常心看待，走入真實的感情生活。

一旦正視真實，內心反而會有一種前所未有的輕鬆感。你不期望對方完美，潛意識中也就不再要求自己完美。換句話說，你允許對方真實，也是在允許自己真實。這樣的親密關係才是真正有生命力和活力。

其次，不完美也很美。

很多內向者心中有個苛責的自我。對別人很包容，別人怎麼樣都行；但對自己要求很嚴苛，不能夠接納自己身上的不足。

- 我不太愛說話，沒有人會喜歡這樣的人吧？
- 我身材不夠好，別人看到後會嫌棄吧？
- 我不夠幽默，相處起來一定很無趣吧！

這其實是對人際吸引力的誤讀。在關係中，並不是你越好，別人越會喜歡你；相反，有時候你有一些缺點，更容易讓別人接納你。比如《西遊記》裡的豬八戒，好吃懶做，油嘴滑舌，甚至還有點好色，但在觀眾的心中，他卻是師徒四人中最平易近人的角色。

之所以喜歡，是因為人們覺得這樣的人更真實。人與人之間的吸引力取決於很多因素，其中一個就是相似性。這個相似性有很多層面。

比如，你新認識一個人，這個人和你是同鄉，這種地緣上的一致會增加彼此之間的好感。你會覺得對方是自己人。比如你和一個人說了自己的想法，對方說「我也是這麼想」，這種思想上的一致也會增加彼此之間的好感。你會覺得，對方是自己人。

同樣，你知道自己不是完美的人，有各種各樣的缺點，然後你發現對方和你一樣，也是優點和缺點並存的人，這種一致也會增加彼此之間的好感。你會覺得，對方是自己人。相反，假如對方表現得很完美，看不到任何破綻，這反而會讓你不安，內心不自覺地想與他保持一定的距離。

所以，真正懂得生活的人在和別人交往時，不會把自己展現得過於完美，甚至會主動暴露幾個自己的小瑕疵。看似是砸自己的招牌，其實是在向別人的潛意識傳遞「我們是自己人」的資訊，無聲無息間就拉近了彼此的心理距離。

有時候我們需要重新審視自己的缺點和不足，這確實會帶來一些問題，很多時候還會讓我們痛苦，但不代表這毫無價值。缺點和不足也在用它們的方式守護著我們。就像電影《心靈捕手》裡說的，每個人都是不完美的，我們身上都有很多小瑕疵，人們以為這是不好的東西，其實這些瑕疵才是好東西，它能決定讓誰走進你的世界。懂得這一點，我們才會與自己和解，接納自己的不足和不完美。然後你會發現不完美也很美。

你比自己想像的要迷人

關鍵字　清晰穩定・傾聽・真誠・內在性感

很多內向者總覺得自己沒什麼魅力：我這麼內向，誰會喜歡我呢？

這些人之所以這樣想，很大程度上來源於第一眼的挫敗感。有的人一眼就能讓人喜歡。他們身上通常有這些特質：

- 熱情：一見面就對你噓寒問暖、像家人一樣對你的人，不被打動也很難。
- 愛笑：愛笑的人身上有快樂的能量，讓人看起來就舒服。
- 才華：不管是唱歌也好，舞蹈也好，有點才華的人總能讓人眼前一亮。

這些特質有個共同點，需要你主動地呈現出來，很自然地流露出來。對外向者，這很簡單，但對一個安靜的內向者來說，主動展現自己有點困難。

因為這種障礙，內向者在關係中多少會有點自卑，覺得自己沒有吸引力，不行。

其實，這是一種錯覺。你只是不容易被不熟悉的人快速喜歡，而非不被喜歡。

喜歡一個人是件很複雜的事。單就喜歡本身來說就有很多種。有的喜歡來得很快，也很容易。一句甜言蜜語，一件小禮物，或一個不經意間的小舉動，就會讓我們對一個人產生好感，喜歡得不得了。但這種喜歡很不穩定。前一秒還滿心歡喜，後一秒就可能因為其他原因而心生厭惡，好感蕩然無存。

所以生活中我們經常會發現，最開始喜歡你的人，往往也是最容易疏遠你的人。一見鍾情這件事聽起來很浪漫，但多數時候就像煙花一樣，剎那間的迷人之後就剩下嗆人的硝煙。這樣的喜歡，可以偶爾點綴一個人的世界，但並不能帶來穩穩的幸福。

還有一種喜歡來得很慢。這種喜歡前戲很長，剛開始可能會有很多顧慮，相互之間也有很多試探和觀察，所以，最初的時候多半是冷冷的，進入得不很順利。但是，一旦磨合期過了，這種關係會是最深入的。

內向者不是沒有魅力，而是不喜歡刻意地去展現自己的魅力。他們喜歡在日常的相處過程中，讓別人一點一點地感受自己。或許第一眼看上去覺得沒什麼，如清水一般寡淡，但在第一百眼過後，你會慢慢意識到這是一個心懷寶藏的人。這種經過時間淬煉的喜歡，更濃烈也更長久。

就像一位朋友說的：我發現自己非常容易被更加內向的人吸引，那種內在的自我和力量一旦展露，就讓我覺得非常非常有魅力。那麼，內向者身上有哪些獨特的吸引力呢？

1. 情緒穩定：鈍感力

我們經常說，感情中一定要選擇一個對的人。怎樣才叫對的人？對的人身上應該具有哪些特質？心理學家泰·田代（Ty Tashiro）告訴了我們答案：情緒穩定是重要的特質之一，但被低估了。

情緒穩定性就是一個人的情感調節能力。情緒穩定性低的人會更敏感和衝動，更容易體驗到憤怒、焦慮、憂鬱等消極的情緒。他們對外界刺激的反應比一般人強烈，對情緒的調節、應對能力比較差，經常處於一種不良的情緒狀態下。相反，情緒穩定性高的人較少情緒化，對外界刺激的反應也比較平靜。

有的人顏值不錯，能力不錯，各種外在條件也都很優秀，真正相處的時候卻讓人很不舒服，原因是很情緒化。他們經常因為別人一句話的語氣不對，或者一件事不合自己的心意，就怒髮衝冠，變得歇斯底里起來。

與太情緒化的人在一起會考驗你的神經。因為他們就像行走的炸藥包一樣，你不知道什麼時候他們會因為一件很小的事就爆發了，然後把事情搞得不可收拾。

心理學研究發現，長期和情緒不穩定的伴侶相處，不僅會讓人焦慮、恐懼，還會讓人的身體處於亞健康狀態，誘發各種疾病。內向者脾氣溫和，遇到事情通常能冷靜應對，很少會無緣無故地發火，情緒穩定性比較高。有心理專家把這種穩定性稱之為「情緒鈍感力」。鈍感力強的人看起來不太聰明，但相處起來會讓人感覺很舒服。

電影《阿甘正傳》中，阿甘一度是別人眼中不聰明的人，受盡嘲諷和捉弄。但不管外界有什麼樣的聲音和眼光，他都坦然面對，做好自己，憑藉鈍感力，阿甘贏得了很多人發自內心的尊重和喜歡。

親密關係也是如此。渡邊淳一在《鈍感力》一書中認為，相愛的男女最需要的就是鈍感力，想要長期維護雙方的良好關係，需要能夠原諒對方的鈍感。

充滿了鈍感力的內向者，或許不是人群中最亮眼的，但絕對是最讓人信賴和難以拒絕的。

2. 善於傾聽：同理心

哲學家保羅・田立克（Paul Johannes Tillich）說：「愛的首要義務就是傾聽。」

人們經常有的刻板印象是，一個人越是善於表達，口才越好，在交往中越有魅力和吸引力。但其實這樣做是讓你自己顯得更好。要真正打動一個人，並不是我站在你面前，我感覺很好，而是我站在你面前，讓你感覺你很好。

要做到這一點，關鍵不是表達，而是傾聽。人類最基本的需求就是理解和被理解，理解他人最好的方式就是去傾聽。現在的社會很浮躁，大多數的人都急著表達自己，展現自己，而不願意聽別人說。內向者經常為自己的不善表達而耿耿於懷，而忘記了自己在溝通過程中其實是個很好的傾聽者。

有時候，你根本不需要去想話題，不需要絞盡腦汁去思考該說什麼，你只需要注視著對方的眼神，安靜地傾聽對方慢慢把話說完，就能讓對方感到很舒服。原因很簡單，表達者最需要的，不是另一個和自己搶話語權的表達者，而是一個聽眾，好讓自己把心裡的話痛痛快快地傾訴出來。當一個人發現有人認真傾聽，這是最滿足也最幸福的時候。

所以，傾聽看似很被動，但其實是能讓你魅力加分的寶貴特質。對內向的人來說，如果想讓自己的傾聽更有魅力一點，可以嘗試帶著同理心去聽。

同理心是近年熱門的心理學概念，指的是與他人相處時，能用對方的觀點設身處地地思考他的處境，體驗他的感受。這有兩層意思：一是換位思考，理解對方的立場，不輕易否定對方；二是感同身受，就是理解別人的感受。

所以在聽的時候，一方面要聽懂對方在表達什麼，他的立場和背後的原因是什麼；另一方面更重要的，是聽懂對方內心的感受。因為只有當對方發現你能懂他的感受時，你們才能形成一種情感上的交流和連結，這是拉近彼此關係的關鍵。

總之，在人際交往的過程中，善於表達是一種能力，善於傾聽也是一種獨特的魅力。內向者如果能夠清晰自己的定位，做樹洞式的夥伴，就可以揚長避短，成為你喜歡的人心目中不可或缺的存在。

3. 待人真誠：最高級的情商

人的身上有很多種美好的品質，有的在初見的一剎那很耀眼，而有的則像老酒一樣，交往得越久，越能夠感受到它的珍貴。真誠就是後者。

內向的人沉默寡言，遠遠地看有些冷，但近距離接觸後會發現，他們其實很好相處，為人很真誠。我是什麼就展現出什麼，不吹噓、不用花言巧語營造虛假的人設。能做什麼才承諾什麼，表裡如一。

人人都喜歡真誠的人，因為和這樣的人相處很輕鬆，不用提防。面對一個真誠的人，你可以放心卸下自己的人格面具，防禦心態，用同樣真實放鬆的心態相處。這樣的相處狀態，是所有人都嚮往的，甚至是求之不得的。

我們重視情商，很多人把情商等同口才，認為一個人說話得體、周到、應變能力強就是高情商。其實，真正的高情商並不是表面的口才，而是人身上的美好品質在關係中的自然呈現。電影《活個精彩》（*The Upside*）中有一句台詞：「其實很多時候，你並不需要做什麼，真誠即可。」

對內向的人來說，你可以不愛說話，但一定要守護好自己的真誠。人們會輕而易舉忘記喧鬧的人，但很難忘記真誠的人。

4. 內在性感：有趣的靈魂萬裡挑一

我有一位朋友，她選擇戀人的時候，不看臉，不看房子、車子，不看家庭背景，只看才華。在她看來，才華是一個人身上最迷人、最性感的特質。

感情中，有些人是顏控，認為顏值即正義，美就是最好的。但也有些人更看重內在，好看的皮囊千篇一律，有趣的靈魂萬裡挑一。

內向的人或許不是第一眼就牢牢抓住別人眼球的人，但相處過一段時間以後人們就會發現，內向者簡直就是一座隱藏的寶藏，交往得越久給人的驚喜越多。

內向的人平時安靜沉默，很少表達自己的想法，但這不代表他們沒有自己的想法。相反，在很多事情上，內向者都有自己獨立而深刻的思考。人們在和內向者相處時，經常會發現：內向者平時不說話，一開口就一鳴驚人，金句頻出，讓人刮目相看。

內向的人具有創造性思維和強烈的非現實性。不是活在對過去的回味中，就是活在對未來的想像中，很少是活在當下。

這讓他們解決現實問題的能力比較弱，有時候過於天真、不切實際等等。這種非現實性也讓他們不受現實的羈絆，看問題的時候更有想像力。現實生活中，很多赫赫有名的人身上有很多氣質是與現實格格不入，但在專業領域，又是極富才華。

由此可見，內向的人不是沒有魅力，只不過他們不輕易展現自己身上的光芒。只有遇到同頻的人，他們才會撤下外在防禦的盔甲，展現出自己與眾不同的一面。

不管別人覺得你好不好，都先把自己變好

關鍵字　無為而治・謎之自信

內向者被動，不會主動表現自己，在這種情況下怎樣才能遇到真愛呢？其實方法也很簡單，就是無為而治，做最好的自己。什麼意思呢？

就是你不需要看人家外向者是怎麼做的，也不需要刻意地模仿，改變自己。只要順其自然，按照自己舒服的狀態和異性交往就好，那個命中注定的人會自然來到你身邊。

這聽起來很玄妙，甚至有點宿命論的味道，但其實是有著科學的合理性。邏輯在於：每個人都是獨特的，外貌、言行、氣質都有很多亮點，這些亮點或許你自己不覺得有什麼，但對特定的人來說，會本能覺得這個人有魅力，然後被吸引。比如，因為互補性，內向性格的人很容易吸引到那些外向性格的人。

如果你是內向性格的女孩，外向性格的男孩見到你，就很容易對你產生好感；如果你是內向性格的男孩，外向性格的女孩見到你，就很容易對你產生好感。這樣的例子在生活中很多。

我有個心理師朋友，她是外向性格的女士，有一次聊到情感話題時，她就說自己的老公是個性格內向的人。他們剛認識的時候，對方就表現得很靦腆，話也很少，但越是這樣，她越覺得有吸引力，想靠近對方，最後走到了一起。

在名人當中，很多夫妻就是這種性格搭配。一個很內向，而另一個很外向，很多人都不看好，覺得他們性格差太多，在一起不長久，但幾十年過去，人家的感情依然很幸福。我們常說異性相吸，其實如果用來指性格，也能說得通。不同性格的人在一起，因為有很多不同，彼此看對方的時候就會充滿神祕感，反而會激發出好奇心和探索欲，這些都會增加彼此的吸引力。

所以，內向的人不要覺得自己不愛說話，不會主動表達是壞事。有時候，你所排斥的，可能恰恰是別人喜歡的。只要你能夠舒服地做自己，做出自信來，你自身的氣質就有可能把適合你的人吸引到你身邊。

當然，有些內向的人頭腦中懷著一種執念：我這麼普通，身上還有這樣或那樣的缺點，在喜歡的人面前無法有自信。其實，普通和自信並不衝突，缺點和自信也不衝突。

一個人在他人眼中有沒有魅力，不是源於九個優點加一個不重要的缺點，而是源於一個足以短時間「閃瞎」人的優點。換句話說，哪怕你身上只有一個亮點，一旦遇到一個就在乎這個亮點的人，你在對方心中就很可能是閃閃發光的存在。

所以，人際交往中別再老是苛責自己，挑自己毛病了。你是很普通，事實上每一個人也都很普通，重要的是，能不能把自己不普通的一面（哪怕只有一面）呈現出來，然後為自己的這點而自豪。

你先對自己謎之自信，然後別人在你的這種謎之自信的感染下，對你產生謎之相信。這樣，你才會有更高的機率吸引到喜歡的人。

情境提案

讓喜歡的人快速愛上你的小技巧

內向的人不會甜言蜜語，不會土味情話，面對一個很喜歡的人時，怎麼做才能讓人家對自己產生好感呢？嘴巴不夠甜沒關係，我們可以嘗試一些非言語溝通。要想征服一個人的心，先要征服其身體。別想歪了，所謂征服身體，指的是讓對方心跳加快。

心理學上有個很著名的效應——吊橋效應。簡單來說，當一對男女走過一座搖搖晃晃的吊橋時，彼此之間的好感會大幅提升。原因是，因為吊橋的搖晃，人走在上面時會心跳加速，這時如果身邊有異性的話，潛意識中會將這種心跳加速誤以為是戀愛帶來的心動，因此產生我喜歡這個人的錯覺。

明白了這個道理，你就會想通生活當中的很多事。比如為什麼談戀愛時，情侶特別喜歡去遊樂場，喜歡去爬山，還有這兩年興起的密室逃脫活動，等等，背後的邏輯是一樣的，這些活動很刺激，體驗的過程中會讓人心跳加速，因此不知不覺間將身體上的心動轉換成心理上的心動，增進彼此之間的感情。

08

長久的感情，是陪伴出來的

感情中每個人都是盲人，
一點一點摸索著生活這頭大象。

每個人都是不完美的，

正是你身上的小瑕疵才能決定讓誰走進你的世界。

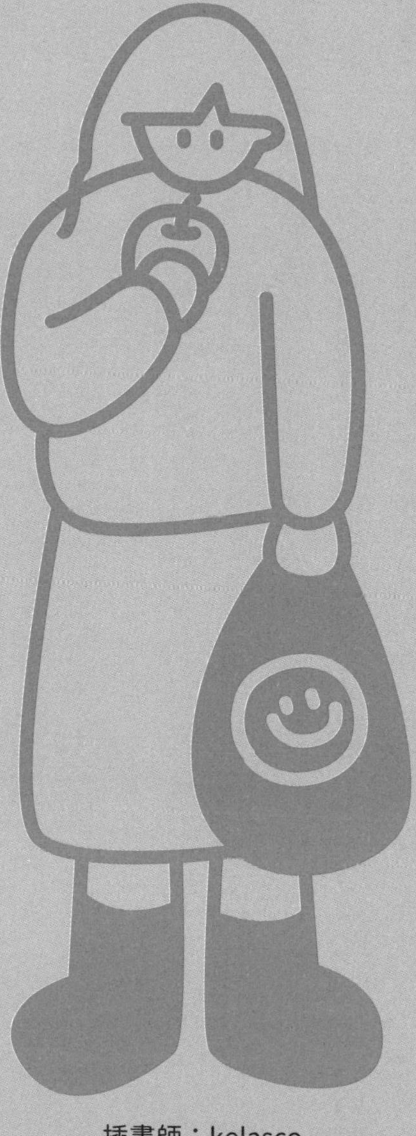

插畫師：kelasco

哪有那麼多人生如初見，最難得是多年後仍相看兩不厭

關鍵字 **刺激—價值觀—角色理論**

我有一位個案曾說過：「我好愛自己的老公，可在一起的時候我們總是吵架，互相折磨，怎麼辦？」這是感情中困擾很多人的一個痛點，明明心裡很確定對方就是那個對的人，但是相處的過程又讓這種確定感時不時動搖。

相愛容易相守很難，確實如此。相愛就像看一部電影，在短短兩個小時左右的時間裡，我們可以憑藉著被激發出來的衝動，沉浸在一種濃濃的情緒和感受中，體會著人生的跌宕起伏與酸甜苦辣。但是相守就像是看一部長篇的連續劇，在時間的稀釋作用下，再強烈的感覺也會慢慢變淡。在這個過程中，我們也慢慢看到很多以往忽略的東西，並因此一點一點地改變對彼此的看法。

心理學關於親密關係的研究，也證明了這一點。按照伯納德．默斯坦（Bernard I. Murstein）的刺激—價值觀—角色理論，當伴侶剛開始接觸的時候，彼此的吸引力主

要建立在刺激的基礎上，包括年齡、長相、財富、是否主動、風趣等特徵。關係穩定後會逐漸進入價值觀階段，這時兩個人對生活中事情的看法、態度是否相同，就會看得越來越重要。

如果說愛之初，人們容易忘我的話，進入平淡的長相守階段，彼此都會重新找回自我，越來越注重自我的存在感。這時，人們更關注日常相處時的感受，以及那些好的感受的可持續性。

這就像買衣服一樣，買的時候你更在意好不好看，一旦買回去之後，決定你的評價和滿意度的，則是穿起來是否舒服，以及能穿多久等另外的感受。這時的相處最考驗人。對內向的人來說，在親密關係的相處過程中，需要注意哪些問題呢？接下來，我們就詳細探討一下吧！

越是相愛的人越容易吵架

關鍵字 差異．心理現實

親密關係中的第一個挑戰是彼此之間的差異，類似這樣的問題有很多。只有真正生活在一起，才會驚訝地發現彼此的差異竟然如此之大，大到就像兩個完全不同的物種。

比如一個喜歡熱鬧，另一個則喜歡安靜；一個做事很認真，總是一絲不苟，另一個則是神經大條，想一齣是一齣；一個多愁善感，浪漫愛幻想，另一個則理性得像個機器人；一個是直腸子，習慣了有話直說，另一個什麼事都放在心裡，動不動就冷戰等等。

面對差異，很多人的第一反應是分對錯。我們會從自我的角度出發，認為自己是對的，對方是錯的，所以對方需要改變。但多數情況下，對方不是直接拒絕，就是陽奉陰違。嘴上說著知道了、知道了，行為上我行我素、依然故我。

為什麼會這樣？問題出在什麼地方？關鍵在於有些對錯是比較明顯容易分辨；但很多時候，事情的是非對錯很難分清楚。心理學認為，一個人對世界的體驗最終形成的是一種心理現實。也就是說，客觀的世界是一回事，但人們內心感受到的世界則是另外一回事。這種心理現實和客觀現實之間，總是存在著不小的差異。我們都擁有同個客觀現實，但每個人體驗到的卻是千差萬別的心理現實。

當我們認為自己正確時，這種感覺上的正確是建立在自己生活體驗的基礎上。而當我們認為別人錯誤的時候，這種感覺上的所謂錯誤也是基於自己的生活體驗，而不是別人的生活體驗。我們都聽過盲人摸象的故事，從某種意義上說，感情中每個人都是盲人，一點一點摸索著生活這頭大象，然後把自己觸摸到的那一點當成唯一的事實，輕易地去否定別人。

內向者習慣活在自我的小世界裡，對他人，包括親密關係中的愛人，有時候缺乏足夠的了解和觀察，在面對生活中的差異時也會感到不解，進而失望和痛苦。怎麼解決這個問題呢？

首先，多一點了解，少一點批判。

如果對方有些言行舉止和我們不一樣，或者看不慣，先別急著批判。先去了解一下行為背後的成因。比如，把對方為什麼不改變，換成他為什麼習慣如此，他到底經歷了什麼。

一個人就是一段歷史，是這個人過去的所有經歷塑造成他當下的樣子。許多看不慣的行為背後，很可能隱藏著不曾看過的某種經歷，而一旦了解，反而會多一些釋然和包容。有句話說：「因為懂得，所以慈悲。」就是這個道理。

其次，不是所有的問題都有能力解決，也不是所有的問題都需要解決。

美國的心理學家在長達四十年的婚姻問題的研究中得出一個結論：婚姻中絕大部分的問題是無法解決的。除了那些涉及原則的問題，學會與問題共處，帶著問題一起生活，也是維持婚姻的重要能力。

差異也是如此。親密關係中的兩個人來自不同的原生家庭，有不同的成長經歷，在很多事情上必然會有不同的想法和做法。比如有的人週末喜歡宅在家、看書、追劇，在陽台上曬曬太陽。有的人喜歡出去逛街，和朋友聚會，參加一些熱鬧的活動，覺得這樣才有意思。

在生活中的所有事情上，兩個人都可能會有不同的想法，因此產生分歧。如果生活中每一個不同、差異和問題，都需要去處理糾正，生活就會永遠沒有安寧。

心理學家貝瑞・史瓦茲（Barry Schwartz）說過：「我相信只有學會對真正重要的事情做出恰當的選擇，同時卸下為無關緊要的事情做選擇的擔子，才能獲得最大限度的自由。」簡單來說，不要把精力浪費在不重要的問題上。

尤其是情侶、夫妻之間，面對對方身上的小毛病、小問題，學會糊塗一點反而是一種更好的處理方式。這不是在迴避問題，而是一種能分清主次，做恰當取捨的智慧。寬容不是一味地忍讓，而是懂得取捨之道的選擇智慧。

比爾．蓋茲離婚時，說兩個人之所以分開，是因為不能一起成長了。這句話背後的潛台詞是：「我們不願再包容彼此了。」

包容是親密關係的最後底線，品質好不好決定了一段關係在壓力下是能夠相互包容，還是最終破防。

最後，我們需要提醒自己，生活的最終目的不是解決所謂的問題，而是追求快樂。

一個人回到家中，最想要的就是按照習慣的狀態生活，這樣才會感到舒服和自在。而改變自己，尤其是多年養成的習慣是很難、很痛苦的事情。每一種生活習慣都有強大的慣性，有時候就像戒菸一樣，不是說改就能改的。

真正好的感情，不是改造對方，消除對方身上的問題，而是求同存異。一種習慣，即便我覺得很好，但如果你覺得不舒服，那我也會尊重你的感受，允許你按照自己喜歡的方式去生活。這樣的相處方式，才會積蓄愛，而不是消耗愛。

大多數情感內耗都是由於期待過高

關鍵字　透明度錯覺・偏愛

感情中，我們對一個人失望，有時候不是因為他做了什麼不好的事，而是對方沒有按照期望的方式對待自己。

對內向的人來說，對伴侶最大的期待是希望對方懂自己。

內心的聲音

難道是我想太多？

秀娟總覺得先生不懂自己。她身體不舒服，或者心情不好的時候，會一個人坐在沙發上不說話。有時候，先生看到她心情不好，會過來問一下情況，聊一下心裡的想法。有時候則因為忙於自己的事情而忽視她。當秀娟發現先生遲遲未來安慰自己時，就會很生氣，甚至摔東西表示不滿。

因為這樣的問題，兩個人吵過很多次。先生不懂為什麼她不能有事直接說。她覺得先生不在乎自己，如果在乎，就該理解她，並且第一時間就會發現不對勁。

這種心態在心理學上有個概念，叫透明度錯覺。意思是人們會誤以為彼此之間是透明的，因此高估他人對自己內心想法和感受的了解程度，放在親密關係中就是：愛我就該知道我在想什麼。一個眼神，你就應該秒懂。愛人之間心有靈犀，這種現象不新鮮。但如果覺得兩個人時時刻刻都能達到這種默契，就是脫離現實、過高的期待了。高期待不合理，但越親密的關係中，這種高期待越氾濫，背後是高濃度的愛。

小說《挪威的森林》裡有這樣的描述：

「例如說，我現在向你說我想吃草莓蛋糕，於是你把一切都放下跑去買，並且呼呼地喘著氣回來說：『嗨，Midori，草莓蛋糕噢』，並遞過來，於是我說：『嗯，我已經不想吃這個了』，然後把它從窗子往外一扔丟掉。我所追求的就是這樣的東西。」

「我覺得那跟愛沒有任何關係呀。」我有些錯愕地說。

「有啊。只是你不知道而已。」綠說。「女孩子啊，這種事情有時候非常重要呢。」

這樣的愛情觀看起來很無理取鬧，但也揭示了人們內心深處對愛的定義：「愛的本質就是偏愛」。其實我也知道自己的一些要求很過分，但如果連這樣過分的要求，你都能滿足，那就證明了一件事：「我在你心中是獨一無二的」。這種被包容被偏愛的感覺，才是我們在親密關係中最想要的。

感情中，高期待就像高濃度的酒一樣，味道雖好，但不能貪杯。心理學家認為，當你對一個人釋放高期待的訊號時，無論是使用指責怒罵的方式，還是用好好說話的方式，他都會感受到壓力，有時候會無法承受。於是，不是拒絕、反抗，就是像鴕鳥一樣沉默、逃避。

生活中我們經常會看到這樣的情形，有些夫妻在相處時，一方總是要求著對方，沒有被滿足時就不停地指責和抱怨；而另一方則不停地逃避，或者像一面沉默冰冷的牆壁一樣，以拒絕回應的方式來敷衍對方。時間久了，就形成了追逐—逃避溝通模式。追逐—逃避溝通模式對兩個人的感情傷害極大。這種互動累積到一定程度後，雙方就會陷入殭屍情感中，名義上在一起，愛意卻早已被掏空。這兩年大家熱議的喪偶式婚姻，就是如此。

既然期待會帶來這些問題，那麼不期待會不會就沒這些問題？確實會好一些。但是，如果完全沒期待，又會帶來新的問題。

在一次團體活動中，有位成員說她正努力讓自己變成對他人沒有期待的人，沒有意見和要求，但又覺得這樣的自己內心少了對人的熱情，多了一些冷漠。這就是問題所在：期待太高，對彼此都是一種折磨；但沒有了期待，熱情又會消失，兩個人又會從親密愛人變成冷冰冰的室友。要解決這個問題，重要的是在期待和現實之間找到平衡。

一方面，我們要對對方保持一定程度的高期待，高期待是愛的副產品，這很合理。雖然讓人痛苦，但在某種意義上，痛也是愛的基石。愛情本身就是折磨人的東西。

另一方面，我們要接納對方的平凡和力有未逮。當對方達不到期待時，提醒自己，他和自己一樣是普通人，不是無所不能的八爪魚。對他多些體諒，就像體諒自己時那樣。在心態上若能做到這點，或許你們的感情依然不完美，依然時不時地折磨你一下，但你們的關係一定會走得更扎實、更長久。

少反省自己敏感，多想想是誰在背後逼你發瘋

關鍵字 被動攻擊・冷暴力

佛洛伊德的精神分析理論認為，人都是有攻擊性的。不同的人有不同的表達方式。有的人表達攻擊的方式是直來直往，心裡不痛快就會馬上發洩出來，如狂風暴雨一般來得快去得也快。這種表達攻擊性的方式叫主動攻擊。習慣主動攻擊的人衝動、易怒，脾氣火爆。

衝動是魔鬼，內向者不喜歡這個魔鬼。就像我們之前說過的，內向者敏感，同理心強，尤其是在親密關係中，他們會很在意伴侶的感受，不願意因為自己的言語而傷害到對方。外在表現脾氣好，情緒穩定。

但生活中總有衝突，再相愛的兩個人在相處過程中也會出現矛盾，負能量一旦產生就需要排解。當直接發脾氣的管道被堵住後，情緒就可能會經由其他方式表達出來。

1. 被動攻擊

我有一位朋友，他陪女朋友逛街時，每當女友試了一件衣服或鞋子，詢問他的意見時，他最喜歡說的一句話是：「你喜歡就好！」

女友每次聽到他這麼說，內心都會感到不快，但是男友的話裡又找不出什麼毛病，態度也還好，發作的話反倒顯得自己有些無理取鬧了。嚴格來說，這其實也是一種被動攻擊。在男友的內心裡，其實不喜歡陪女友逛街買東西，但是不陪又說不過去，於是表面上是順從的。但是，因為心不在這裡，所以不管女友逛街做什麼事、看什麼衣服，他都沒興趣參與。

「你喜歡就好！」表面上是尊重女友自己的想法，實際上真正想表達的意思是，我對你現在做的事一點都不感興趣，所以我不想參與。表面上是尊重，實際上是抗拒。

所以，很多女人總是覺得帶另一半逛街沒意思，也不想再和另一半逛街，而他們也就解放了。當然，這些是生活中很瑣碎細微的事，即使有傷害也只是毛細孔的大小，頂多就是偶爾吐吐槽而已。但是，有些被動攻擊則需要重視。

2. 冷戰

冷戰又叫冷暴力，特徵是沒有語言和情感上的溝通，關於對方的一切保持漠不關心，盡可能地將互動降到最低限度。就像隱形人一樣，明明就在你眼前，卻感覺不到對方的存在。

法國著名的精神分析師瑪麗法蘭絲．伊里戈揚（Marie-France Hirigoyen）在《冷暴力》（*La harcèlement moral. La violence perverse au qutidien*）一書中，稱此為隱而不顯卻真實存在的暴力。絕大多數人的冷戰，並不是主動尋求，而是被動選擇。最初的想法是收起自己的攻擊性，惹不起你，總躲得起。於是，就閉上嘴巴，躲到自己的房間裡，跑到外面沒人的地方，眼不見心不煩；或者把對方定義為透明的隱形人，遇上也當沒看見。

人都是關係的動物，關係的最大價值就在於情感連結。冷戰的人經由不理不睬、完全忽視的方式，切斷了連結，讓你不斷體驗到一種被拒絕、被拋棄的感受。這樣的情感剝奪，是一種更為嚴重的精神折磨，所以，那些直性子的人最受不了的，或者說最恐懼的，就是冷戰。經歷過冷戰的人會發現，如果吵架是傷心的話，那麼冷戰就是誅心了。被動攻擊還有一種形式是逃避責任。

內心的聲音

我感覺自己受到了冷暴力，他一直在躲著我。

女孩和男友相戀了很多年。突然有一天男友從她的生活中消失了。電話打不通，訊息也不回，去他公司問，公司說他已經離職。整個人就像人間蒸發一樣。後來，她收到男友一條短訊。男友解釋父母反對他們在一起，他無法說服家人，又覺得不能面對女友，於是前往另一個城市開始新的生活，希望她能夠忘記自己。她很傷心，但又無法恨男友，因為她知道男友的家人確實不太喜歡自己，可能承受不了這樣的壓力，男友不得已才出走。於是，她陷入矛盾的心態中：一方面不能接受男友的拋棄，另一方面又覺得不能全怪他，更主要是他家人的反對。

直到有一天，從一位朋友那裡偶然得知，男友就要結婚了，之前突然消失，不過是因為早就喜歡上別人，但是又不敢說出真相，才用人間蒸發的方式來逃避自己本應受到的責備。

這就是一種嚴重的被動攻擊，明明已經不喜歡對方，還不敢表明自己的真實想法，最後用一種極端的方式來逃避自己的責任，結果造成了更大的傷害。感情中，有兩件事是藏不住的：一個是愛，喜歡一個人時，你不說別人也能感受到。另一個是傷害，當你很生氣，心中有很多不滿時，即便躲起來，別人也能感受到你的攻擊性。

換句話說，親密關係中是很容易看透彼此的。你內心的真實想法是怎樣，對方很容易就能感受到。你說我心裡對你不滿意，但不表現出來，甚至連一個惡狠狠的表情都沒有，是不是就沒有攻擊性了？並不是會叫的老虎才傷人，不會叫的老虎同樣也會傷人。被動攻擊也是一種攻擊，只不過攻擊別人的方式不是抱怨，不是刀子嘴，不是家庭暴力，而是更隱祕的精神傷害。

如果你想讓自己的親密關係更健康、更長久，可以做什麼避免這些問題呢？

首先，重新看待感情中的傷害。傷害是痛苦的體驗，讓人不由得想迴避。實際上，傷害是避免不了的。兩個人的經歷不同，看待問題的角度不同，做事的方式不同，行為習慣不同，這些不一致都會帶來矛盾。很多時候，一些矛盾還會演變成衝突。

當衝突不可避免時，正視它、允許它發生，不失為應對方式。該吵的架還是要吵，吵架有時候也是一種排毒，讓彼此意識到問題的存在，然後花時間和精力解決，即便解決不了，也能夠多一點理解。

愛是一件痛並快樂的事情。痛來自兩人相處時的種種傷害。所以，從某種意義上說，傷害也是自始至終伴隨任何一段感情。理解了這一點，你就會明白：生氣，不滿，內心有憤怒的小火苗，攻擊性在感情中是正常的存在，沒有必要當成洪水猛獸。

你可以適當地控制一下，別讓怒火升級成無法撲滅的三昧真火，但也別一味地迴避，以為捂住眼睛，假裝問題不存在，問題就真的會懂事地消失。好的感情不是不吵架，而是能禁得住吵架的考驗。懂得了這個道理，對冷戰的執著才會得到一定的化解。

其次，保持坦誠。這裡的坦誠有兩層含義。一是坦誠地表達自己的感受。生氣的時候說不出話沒關係，生氣的時候一時走開也沒關係。但是等氣消了，或者負面情緒沒那麼強的時候，還是要找對方聊一下，說一下你是怎麼想的，為什麼生氣等等。同時也聽聽對方的想法和感受。坦誠的交流有利於雙方相互了解，同時消除一些不必要的誤解。

要學會坦誠地表達自己的感情。愛，就大大方方地表達自己的愛意。不愛了也要勇敢地說不愛。一味地迴避問題，不僅不能減少傷害，還有可能讓問題變得更複雜，因此帶來更多傷害。所以，坦誠地告訴對方自己真實的感情，保持真誠，不管是經營感情，還是放下感情，都是最好的處理方式。

情境提案

情境1：期待太高是慢性毒藥

感情中，期待太高是慢性毒藥，讓我們對伴侶越來越不滿，越來越失望。高期待又像是長在基因裡的荒草，稍不注意就會瘋長。怎麼做才能克制自己對伴侶的不合理期待呢？

建立自己的情感帳戶。

當兩個人相處的時候，雙方之間就有了一個情感帳戶。每次你為對方付出，讓對方開心和快樂，就是在帳戶裡存款；每次你從對方身上獲取一些東西，或者傷害對方，就是在這個帳戶裡取款。當存款和取款的數量相當時，這個情感帳戶就是平穩的；存款大於取款，情感帳戶是穩定的；如果取款大於存款，則會導致情感帳戶虧空。

當我們對伴侶懷有某種強烈期待時，就是從情感帳戶裡取款。記得問問自己：「我為對方做了哪一件特別的事情，能配得上這樣的要求和期望？」

當我們覺察自己的時候，內心的失望和不滿情緒就可能被控制，因為你會發現要求並不是那麼心安理得。

一位導演談到家庭關係時，曾說過這樣一段話：「我做了父親，做了人家的先生，並不代表我就很自然地可以得到他們的尊敬。我每天還是要賺取他們的尊敬，要達到某個標準。」當我們可以做到這樣理性而客觀地看待問題時，親密關係經營起來就會容易很多，也輕鬆很多。

情境 2：溝通＝爭吵

關係中溝通很重要，但現實生活中溝通是最難的。兩個人聊著聊著就擦槍走火，從心平氣和到劍拔弩張，不歡而散。十次溝通九次爭吵，問題不但沒解決，還更加激化了矛盾。有沒有什麼好的溝通方式可以避免這樣的問題呢？

簡單來說，可以從三個方面調整自己。

1. 先處理心情，再處理事情

溝通需要好的氛圍，關鍵就是兩個人都有平穩的情緒。情緒不對，一切白費。所以，當發現苗頭不對，氣氛開始緊張時，最好按下暫停鍵，先處理一下自己的心情。情緒的產生極為迅速，在剛開始的那幾秒，大腦很容易進入理智空白期。此時，理性處於癱瘓狀態，感性完全支配著我們，這時人們通常會做出一些衝動的行為，因此不是表達情緒的好時機。

先處理心情再處理事情，就是針對情緒的特點。如果你能心中默數到十，讓自己冷靜一下，覺得大腦可以思考問題時，再來表達情緒，就會避免很多麻煩。

2. 表達自己的感受，而不是指責對方

說明此時此刻你的感受，比如我感覺很生氣、我感覺很難過、我感覺不被理解等等。這看似很簡單，但在生活中卻是最容易被忽視的。

很多人在溝通的時候，看似在表達自己的感受，其實是在評價和指責別人，比如你真自私、你不關心我、你總是讓我失望等等。描述自己的感受和評價別人的最大不同就是，前者的攻擊性比較弱，容易激發對方的同理心，因此願意看見和理解你；而後者則會引起情緒上的對立和爭執，形成「你無理取鬧、你才無理取鬧」的局面。

我們都知道，一旦兩個人處於對立狀態，溝通就很難取得效果了。

3. 就事論事，而不是針對兩個人的關係

有些問題不想聊，你可以說：「這我沒研究，聊別的吧。」這就是就事論事。但如果你說：「你老愛說無聊的事！」這就是人身攻擊，同樣一件事，表達方式也很重要。

溝通中掌控氛圍和情緒從來不是容易的事。和人的行為、習慣、認知，以及對人和事的看法都有密切的關聯。需要我們在日常生活中慢慢去反省，一點一點去改變，甚至需要用一生去修煉。

因此，一時做不到沒關係，有時候控制不住也沒關係。關鍵是保持耐心，你付出得越多，自然也就收穫得越多。當你對自己的情緒越來越了解，在越來越多的事情上用無害或低傷害性的方式來應對時，你的親密關係和生活就會出現很多積極的變化。

09

如何度過人生中那些難熬的時光

無論我們能不能接受，創傷是人生的標配。

孤獨是自由的開始。

Alocasia love

插畫師：kelasco

創傷是人生標配

關鍵字　創傷・心理彈性

電影《氣象人》（*The Weather Man*）中有一句經典台詞：「成年人的生活裡，沒有容易二字。」

不管是誰，總會遇到一些問題，經歷一些挫折，感受到生活殘酷的一面。從心理學的角度說，這些痛苦的外在體驗會影響人的內在，然後在我們的心理上形成或大或小、或深或淺的創傷。

無論我們能不能接受，創傷是人生的標配。每個人都會有一段異常艱難的時光，沒人在乎你怎樣在深夜痛哭，別人再怎麼感同身受，也毫無幫助。再苦、再累、再痛、再難熬，只有也只能自己獨自撐過。既然不可避免，那麼如何應對生活裡的各種創傷，就成為人生中重要的課題。

在我的個案中，他們帶著各種各樣的創傷。有學業上的問題，有原生家庭的痛苦，有情感上的迷惘，有事業上的沮喪。他們經常對我說的一句話是：「看不到希望。」

這就是心理創傷對一個人的影響。那種痛苦加迷惘的感受會形成特殊的場域，很多東西都會被扭曲。我們的感受會被鎖在消極和悲觀的空間，讓人體會到更多的失望、痛苦和無助。讓人認定人生已走進死胡同，不會好起來了。但真的如此嗎？

遇到這類問題時，我經常會想起一個高中同學。指考時落榜了，不得不重考。經歷過的人都知道，那種緊張和高壓的生活並不好過。經過一年的努力，她考了還不錯的分數，但因為報考失誤，不幸再次落榜。沒有人能體會她當時的無助和絕望，後來在家人的安慰和鼓勵下，開始了第三次重考。

這次，她終於考上了大學，雖然只是一所普通學校，但她終於可以讓人生走向正軌。在大學裡，她並未鬆懈，而是繼續努力，最後考上知名的研究所。面對生活的困境，有的人被打倒，有的人則被激發出無窮的鬥志，憑藉自己的意志走出人生的低潮。造成這種不同的原因是什麼？心理學認為，是心理彈性的不同。

所謂心理彈性，指的是當一個人在面對生活中的壓力、傷痛和困境時，能用積極的方式去面對和消化的一種適應能力。心理學家喬治．波南諾（George A. Bonanno）將心理彈性比喻成心理上的免疫系統，當一個人面對突如其來的心理壓力時，必然會產生一些消極的情緒反應，如恐懼、悲傷、焦慮，這時人的心理彈性就會像防禦網，保護我們的內心不被情緒擊垮。

心理彈性強的人，面對挫折和打擊擁有更快的復原力，更容易從痛苦的漩渦中掙脫出來，讓自己的生活重回正規。對內向者來說，面對創傷怎樣才能擁有更強大的心理彈性呢？接下來，我們就從情緒創傷和情感創傷兩個方面詳細探討一下這個問題。

情緒創傷：不要什麼都往心裡去

關鍵字　情緒創傷・壓抑

「我emo了。」這是近兩年很流行的一句話。emo原本指的是情緒化的音樂風格，但現在被網友們重新定義成不開心、頹喪和傷感的情緒狀態。我emo了＝我心情不好了。心情不好的時候，你會怎麼辦？

小說《挪威的森林》裡，對女主角直子的姊姊有過這麼一段描寫：

> 在她身上，是用消沉來代替不高興的。往往兩三個月就來一次，一連兩三天悶在自己房裡睡覺。學校不去，東西也幾乎不吃。房間光線弄得暗暗的，什麼也不做，只是發呆，但不是不高興……這兩三天一過，她就一下子恢復得和平時一樣，神采飛揚地上學去。

情緒低落時，不吵不鬧，不痛哭流涕，不破壞外面的花花草草，只是安靜地一個人待著，或者好好睡一覺就行。這種佛系的處理方式是內向者最擅長的。

之所以如此，原因有很多。有時候，是內向者不想給別人添麻煩。情緒是會人傳人的，一個人不開心，容易導致一群人都不開心，為了避免給別人帶來負能量，最好的辦法就是閉嘴。

有時候覺得說了不如不說。人類的悲歡並不相通，即使是親密的朋友家人，很多時候真實的感受也不容易被理解，這樣的一種不同頻，反而會更難受，甚至更悲傷。於是就覺得，算了，還是自我消化吧。

這種自我消化在心理學上稱之為壓抑。它的運作原理是把意識中難以接受的衝動、欲望、想法、情感或痛苦經歷壓到潛意識中去，使得自己對壓抑的內容不能察覺或回憶，以避免感受到痛苦和不愉快。

壓抑是我們經常使用的一種心理防禦方式，幫助我們處理日常生活中很多不喜歡或者不願面對的事。有時候，我們能覺察到這種壓抑；但在某些特殊時候，是覺察不到的。

因為成長過程中的一些原因，有些人對人與人之間的爭吵和衝突非常敏感，內心難以承受。所以，為了避免面對這些痛苦，潛意識自發啟動了壓抑的過程，因此導致他們在遇到這類問題時經常性地失憶。問題是，那些被壓抑的負面情緒真的消失了嗎？其實並沒有，只是儲存在潛意識當中而已。

隨著時間流逝，當時發生的事情可能會變得模糊甚至被忘記，但是那種體驗和感受會一直保留在我們的內心深處。當被壓抑的情緒垃圾累積到一定程度時，就會形成很大的能量。當我們無法承受時，就需要找個出口釋放，以緩解內心的壓力。

舉個例子，有些平時脾氣特別好、似乎從來不生氣的人，偶爾會在一些非常小的事情上突然大發雷霆。背後的原因是，他在過去的生活中累積了太多負面情緒，又沒有得到及時的釋放，最後導致情緒失控。他們可能在主觀意願上並不想這樣，只是當壓抑已久的情緒像潰堤一般，從一個小的出口噴薄而出時，他們的理性和意志已經無法控制住這種洪荒之力了。

所以，雖然適當的壓抑在生活中必不可少，但過度壓抑並不是處理情緒的好方式。時間久了，你可能會越來越不容易快樂，並且莫名地感到情緒低落。嚴重情況下，甚至可能導致憂鬱。

當我們的情緒有了問題，出現一些傷口時，可以經由什麼方式來療癒呢？

首先，和信任的朋友聊聊。人都有局限性，沒有人可以無所不能，獨自解決生活中所有的麻煩。遇到壓力或委屈時，找信任的朋友聊聊天，和家人說說自己的心事，是緩解內心壓力，清除心理垃圾最快速且有效的方式。

儘管很多時候，身邊人的支持可能不像心理師那麼專業，但這種被愛的感覺，能夠賦予我們戰勝困難的力量。那些心理彈性強的人，並不一定是其自身有多強大，有時候是因為他們善於從關係中汲取能量。

其次，經由運動等方式，釋放積壓的負能量。電影《阿甘正傳》裡，阿甘遇到問題，或者有想不通的事情時就會做一件事：跑步。遇上麻煩不要逞強，你就跑，遠遠跑開。雖然電影中的跑步具有一定的象徵意義，但客觀地說，跑步確實是調節身心、緩解壓力的一種非常有效的方式。有研究發現，相對於各種抗憂鬱的藥物，運動的效果更好、更健康。

比如，經常跑步的人在運動時會萌生一種愉悅感，這是因為當運動量超過某一階段時，我們的身體會分泌內啡肽和多巴胺，這些都可以讓人感到快樂和滿足。所以，假如有時候你不開心，不妨像阿甘一樣跑起來吧。

最後，寫日記或日誌。《書寫自癒力》一書中說：「將自己的心聲寫下來，自我分析，是最快的治癒之道。經由書寫，我們可以宣泄自己的情緒。把自己的感受和種種情緒寫下來，這種訴諸筆端的過程也是一種表達的過程。有寫日記習慣的人都有過這樣的體驗，有些心事一旦寫出來，內心就會有一種釋然的感覺，身上的壓力也會小很多。」

這就是我們心理學上經常說的，表達即療癒。另外，書寫是向內的旅程，隨著記錄增多，我們的自我覺察力會越來越強。關於遇到的問題，自己是如何看待的，有沒有其他看問題的角度？經由這樣的梳理，看問題會更加理性和深入。堅持久了，你會發現自己的心態越來越成熟，內心也越來越強大。從某種意義上說，習慣了書寫自我的人，可以展開自我對話，就像心理諮商一樣，是對自己的療癒。

情感創傷：如何放下一個很喜歡的人

關鍵字 代償轉移法．反芻性思考．受害者情結

感情中，不僅有愛與被愛，還有傷害和被傷害。

諮詢中，經常會遇到有情感創傷的人。明明一段感情已經過去很久，甚至都已經分手好幾年了，但他們一直深陷其中難以自拔。有人曾形容這種狀態如同掉進一個沒有邊際的深淵裡，整個世界都是灰暗的。

我曾問過一位個案：「剛分手的那段時間，你是怎樣處理自己的情緒？」她說：「就是拚命工作，工作完了就找其他事情做，健身運動，做家事，烹飪美食。總之，不讓自己停下來，這樣就沒有時間想分手這件事。」

這是很有代表性的做法。心理學上把這種應對情感創傷的方式稱之為代償轉移法，意思是如果一件事讓你感到太痛苦，無法承受，就轉移自己的注意力，經由關注其他事情來緩解內心的壓力。這有點像鴕鳥戰術：「只要我不去想讓我痛苦的事，痛苦的事就傷不到我。」

這樣的方法有用嗎？大部分的創傷會隨時間流逝掉，但有一部分創傷，無論時間

過去多久，它還是會在那個地方，成為怪獸，慢慢吞噬你的能量，形成心理陰影，影響我們的人格，甚至命運。

什麼樣的人容易被困在心理陰影和創傷中呢？習慣反芻性思考的人最難從情感創傷中走出來。所謂反芻性思考就是反覆回想過去發生的事，別人說的每句話，每個表情，以及這些細節背後的各種可能性。蘇格拉底說過，未經審視的人生，不值得過。但如果審視超過了限度，不僅會困擾自己，還會讓自己陷入精神內耗的漩渦。

有的人在反芻性思考時，會把矛頭對準別人。他們在回想過往的感情經歷時，會不斷尋找對方對自己不好的各種細節，認為都是對方的錯，導致自己陷入現在這樣痛苦和無助的境地，於是越想越憤怒。我們常說因愛生恨，很多時候就是這樣。

這樣考慮問題的人，容易陷入受害者情結中。就是不管遇到什麼事，都會把自己認定是受害者，都是別人的話或做法讓自己受到傷害，導致自己很痛苦。既然是別人傷害了我，我是無辜的，那麼這個問題也不該讓我來解決。

於是就會形成一種等待的心理，等待別人來承認錯誤，等待別人來把自己從泥淖中拉出來。但現實是，沒有人在乎你的感受，更沒有人會跳出來拯救你。最後，這樣的人會陷入一種憤怒和抱怨的無限循環之中，越憤怒越抱怨，越抱怨越憤怒。這樣看，他們表面上是不放過別人，其實是不放過自己，因為最終受傷的只是自己而已。

還有的人在反芻性思考時，會把矛頭對準自己。他們會把感情的失敗等同於自己的失敗，他們會覺得「我這個人不行，沒有魅力，或者不可愛，沒有人會喜歡我」

等，不斷地自我否定。

當我們把感情失敗和自我否定畫上等號時，就會害怕與人相處。這樣的人在跟新伴侶交往時會變得更有防禦性，會築起一堵牆。他們擔心新的感情一樣會失敗。就像我們講過的自我實現的預言一樣，當一個人內心越防禦、越害怕新的感情失敗的時候，越不容易開始新的感情。因為和你交往的人會感受到你的防禦狀態，認為你不夠真心，因此遠離你。即使想開始一段新的感情，也會很困難。面對以上這些情況，我們怎麼做才能更快從感情的創傷中走出來呢？

首先，自我覺察一下，被困在感情創傷中走不出來到底是為什麼？是因為無助，還是因為被傷害而感到的憤怒，害自尊心受不了？還是處在一種被傷害者的情緒當中，把自己當前處境的責任都推給了別人？還是根本不願接納感情失敗這個現實？找到最困擾你的那個原因，理性分析事實是否真的如此。當然，有的人屬於感覺型的人，考慮問題只能憑感覺，不習慣理性思考問題，讓他們自我分析有點困難，在這種情況下，你可以向身邊的人尋求幫助，讓別人幫你分析。如果條件允許，也可以做心理諮商，這是更好的求助方式。

其次，調整自己的歸因方式。所謂歸因，就是把結果歸結於何種原因。歸因方式有兩種，一種是內歸因，就是把原因歸結於自己，比如都是自己的錯，都是自己不好等。還有一種是外歸因，就是把原因歸結於外在，是別人的錯，或者時機不對、運氣不好等。

內向的人特別喜歡內歸因，如果感情出問題，就會把原因歸結到自己身上。認為自己不夠優秀，所以才得不到真正的愛。於是，越想越自卑。

針對這種情況，我們要學會改變自己的歸因方式。感情是兩個人的事，對方離開你，並非代表你不好，只是你們兩個人不合適。感情中沒有好不好，只有合不合適。用感情的失敗來否定自我是不理性的。要提醒自己：這不是你的錯，錯的只是感情本身而已。

進一步說，即便是經歷了一段錯的感情，也不代表這段經歷毫無價值。一次失敗的經歷，可以讓我們看到自己身上以往看不到的一面。如果我們能夠因此變得更加了解自己，並且從這些不足中提升，讓自己變得更優秀，那麼，失敗就不再是失敗，而是我們寶貴的人生經驗了。總之，愛是可以讓人成長的，不管有沒有結果。

生活很渣，沒有人可以避免它出軌

關鍵字　節奏

時間是往前走的，但生活未必。

有位朋友跟我說，三十歲了，本到了而立的階段，卻因為種種原因離了婚，現在獨自漂泊。兜兜轉轉很多年，感覺生活又回到了原點，失落、迷惘。這讓我想起《挪威的森林》中的一句話：「身邊的人早已經遙遙領先，唯獨我和我的時間在泥淖中艱難地往來爬行。」

我們總以為成年人的生活也會像學生時代一樣，過了一年級，就是二年級，過了國中，就是高中，有固定的節奏，有統一的時間線，到了什麼樣的年齡就會過著符合這個年紀調性的生活。

但總有一些意外，會打亂人生步伐，讓預想的生活出軌。比如別人都結婚了，你還單身；別人都要生第二胎了，你卻離了婚。這樣一種落單，總會讓我們焦慮，甚至是恐慌：自己是不是要被生活拋棄了？其實，不是你被拋棄了，而是生活本身就是一個不知道要將你拋到何處去的隨機過程。

電影《阿甘正傳》裡有一句經典台詞：「人生就像一盒巧克力，你永遠不知道下一顆是什麼味道。」這才是更貼近生活的真相，一切都是未知的。

就像一個人航行在大海上，你可以選擇任何一個要走的方向，但接下來將會遇到什麼、經歷什麼，誰也不知道。可能是晴空萬里，順風順水，多趟幾程路；也可能是暴風雨，漩渦暗流，把你困在其中苦苦掙扎。

我們都不喜歡後者，不喜歡挫折，不喜歡意外，不喜歡把大把的時光和精力反反覆覆耗在一件事情上的感覺。但對絕大多數的人來說，這又是不可避免的。

人總是要困在什麼地方的。有的人困在事業上，糊里糊塗選擇了一份工作，不是很喜歡，但也不知道自己喜歡什麼，或者能做什麼；有的人困在感情中，不是患上婚姻恐懼症，想到將和某個人走進親密關係就心生抗拒；就是一而再再而三地喜歡那些會傷害自己的人，像強迫症似的從一段糟糕的關係中跳到另一段糟糕的關係中。

總覺得不該這樣，是不是自己的生活打開方式不對？其實，生活是有自己的節奏。既不是快跑，也不是馬拉松，而是一種自訂的節奏。

如果你的好勝心很強，喜歡和人比較誰過得更好更幸福，喜歡那種刺激的超越感，那這就是當下屬於你的節奏。如果一段時間你累了，想一個人待在原地靜靜躺平，那麼這也是當下屬於你的節奏。甚至，你也可以允許自己倒退。

婚姻不幸福，哪怕是已經在一起很久了，也可以從這段婚姻中退出來，恢復單身狀態。這沒什麼問題。

並不是說生活預設了固定的節奏，每個人都需要跟隨這種節奏，而是你經歷了什麼，生活節奏就是什麼樣的。你是你生活節奏的創造者。

不要總覺得自己的節奏太慢了、太亂了。人和人不同，完全無法比較，比別人更快的速度跑到終點確實很酷，但走走停停，到處轉轉，甚至在草地上睡一覺起來再走，也沒什麼不好。

所以，不要害怕創傷，也不必太介意自己會在一件事情上困住多久。我們人生中遇到的每個痛苦、每個創傷，就像生命一樣，有自己獨特的時間週期。時機到了，可能別人的一句話就能點醒你；時機未到，你再掙扎也沒用，甚至越掙扎越痛苦。

了解了這一點，我們就更容易坦然面對一些不好或者不順心的事情。這個時候，你和世界不再是一種對立狀態，而是陪伴狀態了。這會幫助你擁有和獲得更積極樂觀的心態，度過人生中難熬的時光。

情境提案

不開心時，內向者能治癒自己的四十二件小事

生活中難免會有不開心的時候。就像我們的身體偶爾會微恙一樣，不開心就是我們心理上的小感冒，會讓我們不舒服。心情不好時，你會怎麼做呢？

這裡，我們分享四十二個日常生活中能夠幫助內向者打敗不開心的小技巧。

❶ 一個人找個安靜的地方發呆，放空自己。

❷ 躲進自己的房間，關掉手機，關上窗簾，睡覺，想睡多久就睡多久。

❸ 抱著被子哭一會兒。

❹ 戴上耳機，重複播放聽一首最想聽的歌。

❺ 一個人偷偷喝酒：輕微不開心，就喝啤酒；超級不開心，就喝烈酒。切記，別喝醉。

❻ 洗澡，把附著在身上的各種不開心都洗掉。

❼ 左右互搏術：自己和自己對話，自己勸自己，或者自己罵自己。

❽ 擼貓，或者擼狗。

9 打掃家裡，把所有東西都收拾乾淨，把所有沒用的東西都丟掉。
10 窩在沙發上，看自己最喜歡的一部電影。
11 熬夜，隨便做點什麼，或者什麼都不做，忽略時間的存在。
12 寫日記，把自己的心情寫下來。
13 更改社交帳號的頭像。
14 去剪頭髮，體驗煩惱絲從頭上紛紛落下的感覺。
15 一個人出去散步，漫無目的地走。
16 去海邊走走，坐在沙灘上吹風。
17 一個人吃火鍋，點一桌子的菜，一直吃到撐。
18 站在夜晚的天橋上，看城市的車水馬龍，萬家燈火。
19 去健身房健身，累到要虛脫。
20 坐在窗台上，聽雨落在樹木和草地上的聲音。
21 一個人游泳，幻想自己是一條魚。
22 買很多好吃的，用甜食填充自己的心靈。
23 隨便上一輛公車，坐在後排靠窗的位置，在城市之中遊走。
24 逛菜市場，用市井氣息療癒自己。
25 來一場說走就走的旅行，去一個從未去過的陌生城市，住一晚再回來。
26 拚命工作，不給自己不開心的時間。

27 和家裡的毛巾、椅子、水杯等對話。
28 發限動，一分鐘後刪掉。
29 回憶之前做過的事，然後對自己說，這是自己應得的。
30 思考生活和人生的意義，讓不開心變得有學術價值。
31 給過去或未來的自己寫信，告訴他們自己現在很不開心。
32 打電動，尤其是槍戰類的遊戲。
33 去倫敦廣場餵鴿子，去紐約廣場看雪景。
34 看書，投入另一個世界中，忘記煩惱，忘記自己。
35 和Siri聊天。
36 躺在床上，閉上眼睛，告訴自己不開心只是大腦的幻覺。
37 翻翻家裡的舊物。以前寫過的日記，朋友之間的卡片，有時候也具有奇怪的治癒能力。
38 做一件平時不敢做的、誇張的事。
39 看喜歡的人的照片或者對方的社交帳號的動態，從中獲取能量。
40 冥想，觀照自己的內心。
41 上網買一束花送給自己。
42 對自己說：就算內心再兵荒馬亂，也要從容不迫。

10

職場中，學會內向式表達

你是一個很努力的人，但你需要讓別人看見你的努力，大家才會認定你很努力。

不是不想主動聯繫，只是擔心無人接聽。

插畫師：kelasco

為什麼越踏實的人越容易被忽視

關鍵字　認知吝嗇者

工作中，內向者經常發現這樣一種情況：自己做事很認真，也很踏實，周圍的同事和主管也都認同這一點，但就是得不到重視，在職位上遲遲無法晉升，或者晉升得很慢，薪資待遇也是處於止步不前的狀況。

為什麼會有這樣的情況呢？難道真的就是我們常常認為的，公司主管不知人善任，只喜歡會討好自己的下屬嗎？

要回答這個問題，先從正反兩面做簡單分析。首先，踏實的人通常有哪些優點：

- 認認真真做事，更喜歡用做事來展現自己；
- 不會去刻意宣揚自己做出的業績；
- 不管主管安排什麼樣的工作，都會認真去執行；
- 很少與人爭論，只想把自己的事情做好。

接下來，我們再看一下踏實的人有哪些不足：

- 很少與人溝通，不了解別人的想法和關切點；
- 不善於表達自己，很少向主管和同事表達自己的想法；
- 被動希望別人看見自己的付出，不會主動展示自己的工作成果。

由此可見，做事踏實認真確實是職場中讓人按讚的品質，也是很多成功人士反覆褒獎的特質。但這裡有個容易被人忽略的地方，就是被看見。

你是一個很努力的人，但你需要讓別人看見你的努力，大家才會認定你很努力。對內向者來說，容易困惑的一點是：我為公司做了這麼多，難道還不夠明顯嗎？還需要去說嗎？很多時候，還真需要去說。

社會心理學家麥圭爾（William J. McGuire）提過一個重要的概念：認知吝嗇者。意思是我們在看待別人的時候，很難做到全面深入的了解。相反，為了節省時間和精力，我們通常會偷懶，憑著以往的經驗和當下的感覺簡單快速地做出判斷，因而導致了這個問題：假如你無法充分地表達自己，別人就會按照他們的一貫傾向去理解你，這樣的話，誤解就很容易發生。

尤其是在公司中，職位越高的人需要處理的問題越多，處理問題的難度也越大。因此在與下屬溝通時，能夠投入的時間和精力就會越少。假如你不表達自己，你的主管也就沒有機會來真正地了解你。

因此，有些人之所以不被重用，並不是公司主管不喜歡認真穩重的人，而是在平時的工作中缺少足夠的了解。了解是信任的前提，沒有人敢提拔一個不了解的人，這導致了踏實工作的人容易被認同但不容易被重用。

對內向的人來說，要想在工作中快速成長，就需要格外重視一種能力——表達力。外向的人像個萬花筒，能用各種花樣和方式來呈現自己。這樣的表達方式很炫，但不適合內向者。

職場中，適合內向者的表達方式是怎樣的呢？接下來，就詳細探討這個問題。

好的表達，需要框架

關鍵字　語言表達框架

不管是面試，還是拜訪客戶，總避免不了會遇到這樣的情況：請你簡單地介紹一下自己，或者介紹一下你的公司。

這是一個開放性很強的問題，怎麼說都可以，但是表達能力的高低也很容易從這樣的問題中聽出來。有的人回答得沒有條理，想到哪說到哪，用一些很模稜兩可的語言，說的人自己明白是怎麼回事，但是聽的人就有點費力，甚至一頭霧水。

應該怎麼表達呢？在職場溝通中，表達的時候最需要考慮的是——精簡——用最簡潔的語言表達最全面的訊息。

你不需要過多的修飾，也不必找動人的形容詞。大腦處理資訊的容量有限，表達越複雜，對方理解就越吃力，時間久了就會疲憊，也不會認真聽。這也是那些說話喜歡拐彎抹角的人通常不被喜歡的原因，因為聽起來太累了。

我們真正需要做的是讓對方明白：你傳達什麼樣的訊息，內容是什麼。簡單、清晰是最重要的。

對於複雜訊息的理解，大腦常用的一種處理方式是分類。也就是說，當我們聽到別人所說的比較複雜的內容時，會下意識地這樣想：對方講了什麼？可以分成哪幾個要點？

提醒我們，除了簡單、清晰，還有一個重要的表達原則就是要有條理。你說得越有條理，別人聽起來越舒服，就越容易認同。

對內向者來說，在表達上要學會化繁為簡，抓住最重要最核心的東西，即我們的目標應該是讓別人更準確地了解我們，因此在表達時要能夠簡單、清晰和有條理。

在此基礎上，我們可以建構一個適合自己的語言表達框架。在職場中，最簡單也是最適合內向者的語言表達框架是：要傳達什麼樣的訊息＋訊息要點。

舉個簡單的例子，業務人員向上司彙報工作時可以這樣說：「經理，昨天跟某客戶溝通過了，他對產品很感興趣，但是要合作的話需要滿足三個條件：第一，關於貨款，先付七〇％，收到貨後再付尾款；第二，下訂單後保證一週內到貨；第三，保證產品品質，否則擔負二〇％違約金。經理，您覺得怎麼樣？」

這種訊息的傳達，就非常簡潔、清晰、有條理，讓經理明白客戶的態度，又很清楚地明白了客戶的條件和要求，接下來只需要做出相應的決定即可。這種表達的語言框架看似很簡單，也沒有什麼神奇，但是在聽者的潛意識當中會覺得：聽這個人說話很舒服。大道至簡，就是這個道理。

當然，在職場中表達的形式有很多。除了說話，也可以用寫的方式進行交流。比如很多公司都有寫日報、週報和月報的要求。有的人覺得這些事很繁瑣，所以在寫的時候很敷衍，應付了事。其實，這些報告正是上司了解你工作進展和能力的重要管道。

對內向的人來說，雖然不習慣口頭上的表達和交流，但在用寫的方式表達自己的想法和見解時會很自如。所以，認真地對待日常的工作彙報，好好利用這個工具，也同樣可以達到讓上級了解自己，甚至看重自己的效果。

現在社交軟體發達。不管是上下級之間，還是同事之間，絕大多數都是經由工作群組或者專門的交流軟體溝通。進行網路溝通時，可以傳語音訊息，也可以傳文字訊息。外向者講究效率，可能更喜歡傳語音訊息，速度也更快一些。內向的人相對來說不喜歡語音，但可以用傳文字訊息的方式表達自己。這樣雖然速度慢一點，但有更多時間來整理自己的想法，因而在表達上可以更深入細緻地展現自己。

現代社會有虛擬化的趨勢，不管是生活上，還是工作上，很多原本面對面的溝通開始被網路溝通所替代。這也就意味著，口頭表達的重要性正在被削弱中，文字溝通在人與人之間的交往比重上有了很大的提升。對內向的人來說，這是好的變化。因為內向的人喜歡思考，也喜歡寫下自己的思考，唯獨不喜歡說出來。盡可能用文字表達自己，也可以讓別人充分地了解自己。

不管是說，還是寫，讓別人了解自己，就是好的表達。內向者不用太在意自己口拙、口才不好，只要你想展示自己，總能找到適合自己的表達方式。

如何克服演講焦慮

關鍵字 目光壓力．視覺想像技術

演講就是在公眾場合發表看法，分享內容。在職場中，演講是很重要的一項能力，可大可小。產品發布會上介紹產品；還有最近幾年，很多人熱衷於跨年演講。這些都是非常正式或者大型的演講形式。

除此之外，還有很多場合看似不是演講，其實本質上也是演講。比如公司開會，你在主管和同事面前彙報一個專案的進展，或者近一週的工作情況；再比如有合作夥伴來拜訪，你向來訪者介紹自己的公司等。這些都需要你面對一些特定的人群，做一些有目的的表達，本質上這些也是演講。

演講對外向的人來說不是什麼大問題，甚至是很享受的事情。但是對一些內向的人來說，就是不小的挑戰。有些人一想到要當眾講話，就會特別焦慮和恐懼。

內心的聲音

新上任的員工自我介紹時，我一句話都說不出來。

我曾經有個同事特別內向，她就有這方面的困擾。剛來公司的時候，公司主管要她在同事面前自我介紹。本來是一件很簡單的事情，說一下自己的名字，來自哪裡，現在要擔任的職務，還有自己對公司的感受就可以了。但是這位新同事就是站在那裡，臉憋得通紅，幾乎在一分鐘的時間裡半句話都說不出來。

為什麼我們會對演講這麼焦慮呢？原因很簡單，害怕演講是人的本能。如果仔細觀察一下就會發現，當我們演講時最緊張的是看別人的眼睛。有個朋友曾這樣描述自己的感受：一想到有那麼多眼睛看著自己，心裡就慌亂到不行，心理學上，這種現象叫目光壓力。

不管場合大小，當你站起來說話時，都會有一些人盯著你看，僅僅是這個注視本身，就會讓人感到壓力。因為目光不僅有關注的含義，還有攻擊的含義。我們都知道，在動物的世界裡，一個動物一旦被另一個動物盯上了，比如羚羊被獵豹盯上了，就意味著羚羊要被攻擊了，有被吃掉的危險。所以，目光的關注也有鎖定目標的意思，這是一種很強的攻擊性，會讓人緊張，甚至恐懼。

在生活中，我們都有這樣的經歷：如果一個人半句話也不說，一直盯著你看，時間長了你就會感覺不舒服，心裡發毛。以此類推，我們可以想像一下，當有很多雙眼睛關注你的時候，你在心理上會承受著多麼強烈的壓力。所以緊張也好、焦慮也好，甚至恐懼也好，這些都是不可避免的正常反應。當然，如果過度焦慮和恐懼，讓你的正常表達都受到影響的話，這就是一個問題了，需要花時間和精力來調整。

怎麼調整呢？首先，要給自己訂一個合理的目標。當我們談論克服演講恐懼的時候，並不是要求內心一點恐懼、緊張都沒有。實際上，大多數的人在公眾場合講話時都會感到緊張，哪怕是那些經常在群眾面前做演講的人，他們在上台之前也是會緊張。

所以，當我們說克服演講恐懼的時候，絕對不是說完全感受不到恐懼、完全感受不到緊張，這是不可能的，很少有人能達到這麼高的境界。真正合理的目標是：雖然我還是會感到不安，感到緊張，感到害怕，但我能承受得住，並且不會讓這種內心的緊張和恐懼影響我外在的表達，這就夠了。

所以，我們克服演講恐懼的目標並不是消滅它，而是讓它變得可控。怎麼做才可以讓它變得可控呢？這裡我們分享幾個方法。

1. 演講前做充分的準備

面對一件事情的時候，有沒有足夠的能力，有沒有十足的把握，是決定你的焦慮是嚴重還是輕微的關鍵。演講這件事也是如此。如果你對要講的內容有充分的準備，那麼就可以有效地緩解內心的恐懼。你可以根據演講的實際情況來準備，這裡我們不展開討論。

2. 學會讓自己放鬆

不管做什麼事，你越放鬆，狀態就會越好；相反，如果總是很緊張的話，就很容易出錯。

這個道理，相信大家都懂。那怎樣才能放鬆下來呢？方法有很多，一種是身體上的放鬆，比如在一場重要演講的前一天，睡個好覺，那麼第二天你就會神清氣爽，也會感覺很放鬆。另外，在開始演講前，做幾次深呼吸，或者找個安靜的地方，試著聽一聽手機裡舒緩的音樂，也可以讓自己放鬆。

除了身體上的放鬆，我們還可以利用一些技巧進行心理上的放鬆，比如，諮商心理師常用的視覺想像技術。如果你害怕演講，那就找一個安靜的地方躺下來，或者找一個舒服的座位坐下來。然後，請發揮想像力，在腦海裡進行模擬練習：設想自己走進了某個演講場合，然後你看到自己說話時口齒清晰、表情自然、充滿自信、不慌不忙，別人也聚精會神地聽自己的談話。或者你想像聽你演講的都是一些對你很好、很喜歡你的家人或朋友，他們不會傷害你，只會支持你、鼓勵你。

經由這樣的想像，你可以在心理層面進行自我催眠，幫助自己在真正演講時保持鎮靜，顯著降低焦慮程度。

3. 訓練演講技巧

最後一個方法，也是一個比較重要的方法，就是抓住一切機會訓練自己的演講技巧。你可以經由讀書、上線上課程等方式，學習一些基本的社交技巧，比如眼神接觸、語音語調、姿勢體態等。你還可以觀察別人是怎樣與人交往，然後自己去模仿，在實踐中去學習和驗證，不斷調整和提高自己的演講技能。

如果有條件的話，你也可以加入一些演講者互助組織。經由分享、交流經驗來不斷提高自己的演講能力。這是一個不斷累積的過程，不是一蹴而就的，需要吃很多苦，但是演講能力對改變你的演講心態也是具有決定性的。

如何說服別人

關鍵字 **中央路徑說服・邊緣路徑說服**

在工作中，我們經常會遇到需要說服別人的情況。比如你需要說服老闆同意自己的方案，或者說服同事接受自己的一個新想法等等。

說服從本質上來講，是一個把自己的想法和意願放進別人的頭腦中，讓別人聽從自己的過程。從某種意義上說，這是一種意識上的植入，甚至是入侵。當我們覺得別人想說服我們的時候，心理上就會有一種本能的警惕感，因此說服別人並不是一件容易的事。但是我們也看到，有很多人善於說服和影響別人，他們是怎麼做到的呢？接下來，我們就從心理學的角度來探討那些影響說服力的因素。

當我們想說服別人的時候，首先遇到的問題就是說什麼。在這裡，我們有兩個選擇。

1. 中央路徑說服

所謂中央路徑說服，便是就事論事，經由系統全面的分析證明自己想法的正確性和合理性。這種說服他人的方式針對的是邏輯腦。如果對方是講究邏輯、心思縝密的人，你對問題的洞察更深刻，解決方案更高級，你就容易獲得對方的認同。內向的人更喜歡用中央路徑的方式說服他人，因為我們之前說過，內向的人一般思維縝密，思考力強，所以擁有更強的分析能力。

在職場中，越是重要的事情，越是關鍵性的決策，中央路徑說服方式在人們眼中的重要性就越高。因為這個時候，我們需要考慮各種因素，需要反覆權衡利弊，所以理性分析就起著至關重要的作用。

2. 邊緣路徑說服

有時候，並不是你的話有道理別人就一定會聽你的。比如，你的朋友失業了，這時如果你去和朋友分析失業的利弊得失，即使你講得再有道理對方也很難聽進去。但是，如果分享過去的失業經歷和感受，讓朋友了解到你也曾經歷過和他一樣的困境，情感共鳴反而比講道理更容易治癒一個人。這就是邊緣路徑說服，不關注事情的本身，而是關注和事情有關聯的外圍，經由外圍的影響力來改變人們對事物的看法。邊緣路徑說服針對的是一個人的情感腦，經由刺激人的感情來影響別人的判斷和決定。

同樣是為患有重大疾病的人募資，如果你只是列舉這些疾病對人帶來的危害和影響，或許能募集到一些款項，但不會太多；如果你還展現了這個人與病魔抗爭的感人經歷，就能贏得更多人的同情和捐助。

這就是感性的力量，很多時候影響一個人做出決定的並不是理性，而是感性。做一個決定可能很難，但是一旦內心被觸動，做一個決定是很容易的。

所以，能否打動別人內心柔軟的一面，也是影響說服力的重要因素。對內向的人來說，邊緣路徑的說服方式是比較欠缺的。如果你想提升自己影響他人的能力，可以在這方面多做一些。

影響說服力的因素還有很多，我們可以在生活中慢慢去觀察。有些內向者可能會說，自己不太善於言辭，或者對社交中的交往技巧比較排斥，只喜歡用真實的自我和別人相處，那怎麼辦？

如果你是這種情況，那就要學會真誠。真誠的人在溝通過程中，其說服的能力或許會弱一些，但他們更容易獲得別人的信任。而一旦建立了深厚的信任，那麼你的說服能力就會變得強大。當然，說服力不是來自你說話的技巧，而是來自你的人格魅力。

情境提案

經由業務工作來提升表達能力，可靠嗎？

很多年輕的內向者在剛進入社會時，可能有過這樣的想法：我不愛說話，表達能力差，需要多歷練自己。是不是應該做業務類的工作好提升語言表達能力呢？

這樣的職業規畫是否可行呢？一般來說，我們不太建議內向的人一畢業就去做業務。因為業務是與人，尤其是與陌生人打交道的工作，對人際溝通的技能要求非常高。內向者喜歡一個人安安靜靜地做事，不喜歡複雜的人際交往，其社交技能難以完成業務工作。

對內向的人來說，更好的做法是，先花兩三年做自己擅長或者相對順手的一些事情。比如你擅長文字表達，就去做與寫作有關的工作；你喜歡某類技術，就去做相關技術類的工作。

這樣做有三點好處：一是可以累積工作經驗，二是可以累積自信心，三是可以熟悉所在的產業累積資源。有了累積，你就可以做進一步的打算：如果有前途就繼續深耕，成為產業內的頂尖者，這是一種事業發展路徑。

而如果你覺得做技術沒有前途，也可以轉做業務。這個時候和剛進入社會時不同，你不再是新手，你是懂技術、懂產業，做業務也會有自信。如果你能在客戶心中建立起真誠、可靠、值得信任的人設，即便口才普通，也有機會成為一名優秀的行銷人員。

當然，事情都不是絕對的。如果你對自己很有信心，或很有決心，想挑戰一下自己，也可以一畢業就做業務。在現實生活中，這樣的成功案例也有。只不過難度更大，對人的考驗更多，所以要做好足夠的心理準備。

11

話少，也可以很厲害

話少，並不代表話的分量輕。不愛表現，
也不代表光彩一定會被埋沒。

內向的人，一個人待著就能充滿電。

插畫師：kelasco

成功的人大都內向

關鍵字　存在感・影響力

內向的人安靜、沉默，平時話不多，在人多的時候也不願意展現自己，所以就容易給人錯覺，好像內向的人在職場中存在感不高，沒有影響力。

事實真是這樣嗎？關於這個問題，我們要一分為二地看。

一方面，這確實是部分事實。職場是節奏很快、競爭性很強的場合，很多有事業心的人會抓住一切機會來表現自己，讓別人知道自己的價值。而如果你在同事、主管面前不善言談，或者羞於表現自己，就會拉高別人認識和了解你的門檻。如果別人不了解你，又怎麼能發現你的價值呢？

同樣是金子，有些金子露在河床上閃閃發光，一眼就可以看到，而你這塊金子深埋在河床底下，需要花很大力氣挖掘和篩選才能夠被找到。很顯然，那些露在河床上的金子更受歡迎，這些都被搶光了，才有機會輪到你。這就是職場的生存邏輯，太安靜確實很容易被忽視。

但是，我們還要看到事情的另一面。話少，並不代表話的分量輕。不愛表現自己，也不代表你的光彩一定會被埋沒。

我們知道的名人當中，牛頓、愛因斯坦、林肯、甘地、祖克柏、比爾．蓋茲等人都是性格內向的人。美國的一項調查研究也發現，在成功人士當中，性格內向者所占的比例居然達到了七成。所以，內向者在職場中沒有存在感，只是刻板印象，並非事實。事實是，內向者有自己的優勢，只要他們充分挖掘潛在天賦，也可以成為別人眼中那顆最閃亮的星星。

作為一個內向的人，該從哪些地方努力呢？《深度影響》（*Win People Over*）作者凱倫．梁（Karen Leong）認為，影響力有兩個核心：喜歡和尊敬。

如果深入覺察一下，我們就會發現，喜歡是關係層面的，如果周圍的人覺得你這個人不錯，就會喜歡你，就會對你刮目相看。而尊敬是做事層面的，如果周圍的人覺得你這個人很有能力，也很有資歷，有很多成就，就會在心底對你產生敬意。如果你想在同事和主管面前有自己的影響力，可以從為人和處事兩個方面著手。接下來，我們就詳細探討一下。

為人：修煉屬於你的氣場

關鍵字　氣場・低權力語言・身體語言

有些人覺得要別人喜歡自己，就得討好別人。先不說討好能不能真的贏得別人的喜歡，即便能贏得一些，這種喜歡也是俯視性質的喜歡。最多是同情，甚至是可憐，但與尊重無關。

從心理學的角度看，人的潛意識都是傾慕強大的。你越強大，別人越會追隨你。所以，高品質的喜歡是仰視性質的。你身上具有某些能量和魔力，讓別人驚嘆、折服，這樣的喜歡才能化為真正的尊重。

要做到這一點，我們最需要修煉的是自己身上的氣場。

什麼是氣場？在生活中，我們和不同的人交往體驗到的感受是不一樣的，這種感受就是一個人的氣場。像一個能量場對我們的心理造成某種影響，比如壓迫感、欽佩感，當然也包括親切感。

氣場強大的人往往談吐不凡，但更多的時候，一個人的氣場是經由說話時的音調、節奏、眼神、表情、肢體動作等非語言方式表現出來的。

- 眼神堅定：和人說話時喜歡注視對方的眼睛，眼神專注，充滿了能量，彷彿有光一樣。
- 表達有力：他們有自己的想法，而且相信自己的想法，在表達的時候非常自信、很少遲疑。
- 舉止從容：無論是走路還是就座，都散發著從容和灑脫的氣息。

從類型來說，氣場強大的人可以分為兩種：一種是咄咄逼人式。這樣的人站在你面前會表現得鋒芒畢露，充滿了征服欲，讓人有一種被碾壓的感覺；另一種是如沐春風式。這樣的人在你面前會表現得溫和而睿智，充滿了親和力，讓人有迫切與之交往的衝動。

氣場強的人不僅擁有獨特的個性魅力，而且有影響別人的強大能力，因而在職場中這類人常常居於主導地位，讓人不敢小覷。怎樣才能提高自己的氣場呢？

首先，說話時避免低權力語言。語言是有一定的權力屬性的，不同的語言形態會增強或減弱說話者對他人的影響力。那麼，哪些言語會削弱我們的影響力呢？比如，說話時閃爍其辭，經常使用「我有點失望……我覺得我可能……。」等句型，讓人感覺說話者很心虛。

另外，說話時過於客氣和禮貌，掛在嘴邊的口頭禪是：「實在對不起」、「不好意思」、「很抱歉」。根據當下的情況適當的表示禮貌是可以的，但是不分情境的過於禮貌就不是謙虛而是自卑了。

還有，經常使用否定式的陳述，比如：「我不是很確定，但……這樣說可能不適合。」這些語氣也給人缺乏自信的感覺。

以上這些都是低權力語言的形態，會顯得說話者的氣場不足，應該盡量避免。氣場高的人說話時一定是直接、清晰和有力，不會給人模稜兩可的感覺。其次，要注意自己的身體語言。一個人的氣場是否強大，首先就是看這個人的眼神。眼神游移、飄忽不定、不敢與人對視都是沒自信的表現。而持續的目光接觸可以讓一個人顯得自信，讓對方感覺到被關注和重視，激起更深交往的意願。

有些內向者經常對我說，自己在和別人交談時不敢與對方對視，怎麼辦？如果直接的目光接觸讓你覺得很難，那麼可以嘗試一個小技巧，就是在交談中你可以看對方眼睛和鼻子之間的三角區域。這樣的話，也可以讓別人覺得你在注視他，儘管實際上你並沒有。

除了眼神，站立的時候背要挺直，頭要高高抬起。坐的時候避免把手交叉在胸前，盡可能用一種放鬆的姿態打開自己的雙臂。前者是一種防禦的姿勢，顯得拘謹，而後者展現的是開放的心態。雖然這只是簡單的身體姿勢，但可以讓你感覺良好，而且周圍的人也會感受到你的自信。

總之，要想經由身體語言展現氣場，就要注意自己的眼神、表情、肢體動作，以及整個人的精神狀態。

當然，僅僅知道怎麼表現自己的氣場是不夠的，我們還應該明白背後是什麼樣的心理在支撐著這種表現。

就像我們之前講到的，同樣是氣場強大的人，不同的人展現出來的方式也是相異的。但不管外在的形式有多大差別，他們依舊是有共同特點。對氣場強的人來說，最核心的心理特徵就是充滿自信。認知心理學認為，人的核心信念有三種：

- 我是否有能力？
- 我是否受歡迎？
- 我是否有價值？

氣場強大的人在這三種信念上的回答都是肯定的，而且這種肯定更多是基於對自己的認同。他們一般擁有堅定的信念，強大的自我意識，而且不會受到別人和外界環境的影響。

處事：成為別人眼中不可替代的人

關鍵字 核心價值

內向的人在工作中容易陷入盲點，就是覺得自己之所以不被重視，是因為自己有很多問題和不足。只有把問題都解決了，事業的發展才能再上一個台階。

但實際上，當我們把注意力放在自己身上時，問題根本解決不完。一項工作能不能做好，不在於你有沒有缺點和不足，而在於你有沒有核心價值。所謂核心價值就是你的優勢能力。如果你擁有一些獨特能力：別人做不到的，你能做到；別人做得一般的，你能做得非常好，那你就是有核心價值的人。

你有了自己的核心價值，就有了和老闆博弈的資本，因為你具有的能力很難被替代；你有了自己的核心價值，就有了和別人合作的資本，因為你具有的能力是社會上的稀缺資源。知道了自己的核心價值，然後在這方面持續地花時間和精力去優化，在事業上就會獲得事半功倍的效果。

我們可以看一下，內向的人在哪些方面的能力更突出。有些人做事很認真，在細節上很嚴謹，追求完美，這是一種能力，這樣的人在一些大型專案以及財務類的工作方面會很受歡迎；有些人做事很負責，對主管吩咐的事，不用監督和催促，都會很自覺地完成，主動性很強，這樣的人在團隊中讓人放心，值得信任，這也是一種能力；有些人善於思考，對工作中的問題看得更深入、更透澈，也更長遠，這也是一種能力，而且是某些專業領域更為看重的能力。

內向型的人還有很多優點，大家可以結合自己的實際情況自我覺察。了解自己獨特的優勢，然後不斷精進，變成別人眼中不可替代的人，這樣你在團隊中就會變得格外重要。內向者的核心價值有一個共性，就是他們擅長的能力比較隱性，不容易一眼就被看到和發現。但是隨著人們相處時間的累積，你的主管也好，同事也好，都會逐漸意識到你的獨特之處。

所以，在職場中發現自己存在感不高，不被關注和重視時，不妨多一點耐心，耐得住寂寞。內向的人在確定了自己事業方向的大前提下，要沉下心，學會堅持。在職場上，贏到最後的往往不是剛開始跑得最快的，而是那些跑得最穩的人。

職場和戰場一樣，變幻莫測。一個公司裡，人員進進出出很正常，有些人一開始可能表現得比你厲害，但時間久了，大家可能發現他只是個紙老虎，虛有其表。有些人一開始確實比你厲害，但人家有更高的目標，可能中途跳槽或創業，因此給了你晉升的機會。這些都是給有恆心、耐得住寂寞的人的機遇，你抓住了，你在團隊中的地位就會提高，影響力就會慢慢增大。

對內向者來說，提升自身影響力還有一個重要關鍵，就是公司的危急時刻。每個公司在經營過程中都會遇到危機。對那些能力不夠的人來說是危險的，但對那些真正有能力的人來說其實是機遇。

所以，如果你不斷累積自己的能力，在大家都一籌莫展或者往後退的時候，你能勇敢地站出來力挽狂瀾。這對你在公司裡的影響力，對個人職業生涯的影響也是具有重要意義的。所以，越是面對那些危急的時刻，越要把握住這樣的機遇。

生死疲勞，熱愛是解藥

關鍵字 自主性功能

要想在職場中成為一個有影響力、舉足輕重的人，並不是一朝一夕就可以達成和實現，它是日積月累的結果。這就意味著不管是修煉自己的為人，還是修煉做事能力，都需要有恆心。

一提到恆心，很多人想到的是意志力，咬牙堅持的決心。實際上，如果你的工作和事業主要是靠意志力在堅持，注定是不能長久的。因為意志力是短暫、臨時的。任何一件長期的事情，其背後都需要一個長久而穩定的推動力。

對內向的人來說，工作上最持久的推動力是什麼呢？答案是，做自己真正喜歡的事。真正喜歡的意思是，發自本心的喜歡，並能夠長久地堅持，在感性上始終保持熱愛，在行為上能轉化成習慣。

心理學家高爾頓．奧爾波特（Gordon Allport）認為，人有一種自主性功能，那就是我們的興趣愛好，它處於動機的最深層，可以自發驅動人們探索和行動。只不過有時候，做自己喜歡的事看似要冒很大的風險，讓人不敢邁出這一步。但經歷過的人常常發現，這種風險往往是表面的。

我們都知道沒有任何工作是容易的，不管你喜歡還是不喜歡，你都會遇到各種困難和挫折，都會承受很大的壓力。但區別是面對一件你內心並不喜歡的事，你會覺得這種壓力是一種煎熬，而當面對的是你喜歡的事時，你會覺得這是一種有意義的堅持。

客觀地說，我們都願意承受一些壓力，只要在心理上認為是值得的。而做自己喜歡的事，就是對我們的付出的最好寄託，所以我們就會更願意堅持。真正經歷過的人都知道，做喜歡的事會帶給自己什麼樣的變化，它可以讓你觸碰成就的上限。

心理學告訴我們每個人都是不同的。受遺傳因素的影響，每個人都會有獨特的性格和氣質；受家庭和成長經歷的不同，每個人都會形成獨特的認知和信念。這些就決定了某些方面我們更擅長，另一些方面卻存在著不足。只有在做發自內心喜歡的事情時，才有可能激發出自己最大的潛能。

面對真正熱愛的事情，我們會很專注甚至達到忘我的愉悅狀態。在這種狀態中，不僅做事效率很高，靈感也會源源不斷地出現。這種體驗的累積會使我們的能力和優勢不斷增強，最終成為我們的核心競爭力。

做自己真正喜歡的事，才能真正體會到自我實現的滿足感。按照馬斯洛（Abraham H. Maslow）的需求層次理論，在所有的需求層次中，自我實現是最高層次的需求。一個人即使滿足了安全感的需求、愛與歸屬的需求、尊重的需求，但如果沒有達到自我實現，依然會感覺焦慮不安。

不可否認，即使我們從事的並不是自己真正喜歡的事業，也有可能做得很優秀。但是這種優秀是建立在外在成就感基礎上的，我們的內心並沒有被觸動，因而沒有真正的滿足感。

怎樣才能知道什麼是自己真正喜歡的事呢？我們需要區分開兩個概念：表面的喜歡和真正的喜歡。

表面的喜歡源於當下身體上的舒適和不累，比如人們常說的錢多、事少、離家近。之所以喜歡這樣的工作，並不是它能帶給我們多少成就感，而是因為它緩解了我們無法應對壓力時產生的畏懼和焦慮。如果有一份工作，從事之初能帶給你短暫的快樂，但之後就讓你陷入長久的空虛和無聊之中，這份工作是你需要遠離的。

真正的喜歡則源於內心的歸屬，即使最終你沒有獲得成就上的刺激，但你在從事這項工作的過程中卻找到了發自內心的喜悅。當我們做自己真正喜歡的事情時，會體驗到自己的潛能不斷被挖掘，內心也一點點地變得舒展，得到成長。

如果有一份工作，你做的時候充滿活力，並且能夠體會到自身的價值，那麼它無疑就是對的事。這個時候不要畏懼，也不要逃避，勇敢去追求和踐行，終有一天你會感激自己的決定。

情境提案

如何緩解權威恐懼

很多內向者在職場中有權威恐懼，和自己的上司或主管在一起時會很焦慮，甚至有點害怕。如果在路上遇到了主管，內向者會假裝沒看見，然後遠遠地避開。如果碰巧和主管在一個電梯裡，他們就會手足無措，忐忑不安。

在這種情況下，該怎樣調整自己呢？權威恐懼在職場中很常見。一方面，和個人的成長經歷有關。如果一個人的原生家庭，比如父母較為嚴苛，過於嚴厲的養育方式，會讓人形成心理上的條件反射。小時候怕家長，工作上就比較容易變成怕主管。

另一方面，這也可能和個人的性格有關。內向、膽怯、自卑的人容易有自我貶低傾向，總是覺得別人很厲害，自己很差勁，因而在面對自己的主管時，會感到心虛，容易產生懼怕主管的心理。

要解決這個問題，首先要有平常心，把主管當普通人看待。害怕主管多半是因為把對方想像得過於權威，過於威嚴，這些往往是自己的想像，未必與實際相符。所以，可以多觀察對方在生活中真實的狀態，也可以了解一下同事眼中的主管是什麼樣。

經由對實際情況的感受，以及經由他人的視角，你會意識到對方和自己一樣都是普通人，面對主管的畏懼感就會減輕很多。

其次，要相信自己，提醒自己：「我不比任何人差，只要努力工作，再把握好機遇，將來也可以在事業上取得一定成就，甚至可以成為一個比自己的主管還厲害的人。」

當我們信任自己，對自己的將來抱有憧憬和信心時，就會從害怕和畏懼權威的漩渦中走出來。

12

內向者的人生路線圖

你相信嗎？人生是有劇本的。

有些路必須一個人走，有些事只能一個人扛。

在自己的世界裡做一次冒險王。

插畫師：kelasco

人生有劇本嗎？這是個很有意思的話題。

在很多人的內心，有一種憧憬，希望存在人生劇本。如果有一天自己破解了這個劇本，就可以完全掌控自己的人生，不必再去忍受生活中一個個因未知而導致的焦慮和痛苦。就我個人而言，我越來越傾向於認為，人生確實是有劇本的。只不過，這個劇本並不是我們想像的那種，寫好了自己會在什麼樣的時間遇見什麼樣的人，然後發生什麼樣的事。

這個劇本指的是一個人從出生到衰老，在漫長的人生軌跡中存在著一些規律。找到並洞察這些規律，可以讓我們的人生多一些方向感，少一些迷惘和困惑。

過去，心理學家一直在做類似的探索。心理學家艾瑞克・艾瑞克森（Erik H. Erikson）經過研究發現，如果把人的一生作為一個週期的話，那麼我們的心理發展主要會經歷八個階段，每個階段都有一個最核心的發展課題。

- 第一階段：出生至一歲—核心課題：信任・不信任
- 第二階段：一歲至三歲—核心課題：自主性・懷疑和羞怯
- 第三階段：三歲至六歲—核心課題：主動性・內疚
- 第四階段：六歲至十二歲—核心課題：勤奮・自卑
- 第五階段：十二歲至十八歲—核心課題：自我同一性・角色混亂
- 第六階段：十八歲至三十五歲—核心課題：親密感・孤獨感

- 第七階段：三十五歲至五十五歲—核心課題：繁殖．停滯
- 第八階段：五十五歲以後—核心課題：自我整合．失望

如果我們把內向性格和艾瑞克．艾瑞克森的理論相結合，並做一些適當的細化和拆分，就可以得到一個包含了十個心理發展階段的內向者人生劇本。這裡，我將其稱為內向者的人生路線圖。

出生

關鍵字 **先天因素**

內向者剛出生時有什麼明顯的特徵嗎？我認為是沒有的。有的人試圖從嬰兒哭聲音量的大小，持續時間的長短，以及對外界人或物的反應等，來觀察內向者在剛出生時有哪些區別。但到目前為止，並沒有發現明顯的不同。

我們只需要明白一點：內向性格是先天因素與後天因素共同起作用的結果。也就是說，有一部分人一出生就是內向性格。內向就像一顆種子一樣，根植於他們的內心深處。隨著他們一點點長大，無論是語言、行為舉止還是社交方式，都會按照內向者的方式和節奏慢慢展開，並形成獨特的人生路徑。

當父母有一天發現自己的孩子屬於內向性格時，不要焦慮，更不要試圖改變。就像我們之前反覆強調的，內向不是缺陷，它只是一種性格。父母需要做的，是為自己內向的孩子創造條件，讓他們能夠做自己，並且按照適合自己的方式去展開和體驗自己的人生。

出生至一歲

關鍵字 安全感・迴避型依戀

安全感是生活中經常被討論到的問題，很多人也常常感覺到自己缺乏安全感。一個人內心最底層的安全感是從什麼時候開始形成的呢？就是一歲前這個階段。

剛出生的嬰兒非常脆弱，不能照顧自己，所以會本能地感受到無助。在這個階段，如果養育者（通常是父母）對嬰兒照顧得很到位，能給予無條件的愛，孩子就會感覺自己是安全的，長大後與人相處會本能地產生信任感。

內向的孩子也是如此。他們在成長的過程中，雖然和人交往興趣不大，但如果在這個階段能得到充足的愛，長大後在與人交往時，就會自然地相信對方，覺得絕大多數人是不錯的、可以信賴的。

但如果養育者對孩子的愛不夠，比如總是忽視孩子，或者有頻繁的打罵等虐待行為，那麼這個孩子就會對他人缺少信任感，與人相處時內心會充滿焦慮、擔心，甚至是恐懼。嚴重的情況下，在關係中容易形成迴避型依戀。

迴避型依戀主要表現為懼怕親密關係。他們不相信在這個世界上會有人真正喜歡和認同自己，所以乾脆關閉對他人信任的大門，不對任何人抱有期望。沒有期望，就不會有失望，這是迴避型依戀者內心的金科玉律。對於迴避型的內向者來說，他們身上的疏遠感與距離感，會讓想靠近他們的異性感到困惑，所以他們成年後如何建立親密關係，是個需要重點關注的問題。

一歲至三歲

關鍵字 自主性・依賴型人格

這個階段的孩子，迎來了自我意識的第一次覺醒。什麼事情都想去體驗，都想按照自己的想法和感受做。吃飯的時候，他們會拒絕父母餵，哪怕吃得渾身都是飯也樂此不疲。他們喜歡把玩具丟得到處都是，喜歡翻看和拆卸大人的物品，是人小能量大的無敵破壞王。

在養育者眼中，這個時期的孩子固執、不聽話，動不動就哭鬧，讓人頭大。然而，這是一個人自主性形成的關鍵期。如果父母在照顧的時候有足夠的耐心，在合理的範圍內允許孩子做各種嘗試，那麼孩子就會覺得自己可以掌控自己，進而建立起獨立的自我意識。

對內向的孩子來說，這個階段特別重要。如果父母尊重和接納他們的小叛逆，他們就可以信賴自己的感覺，並圍繞自己的感覺來建構自我的小世界。這可以培養他們的內在自信。雖然和外向的孩子比較，他們的話不多，但這種沉默的背後並不是一無所知，相反，他們慢慢有了自己獨特的想法和感受，並沉浸其中。也就是說，他們的內心是富足的，對自我的感覺是積極和信任的。

相反，如果父母的掌控欲太強，急於用乖孩子的標準來管束孩子的行為，久而久之，孩子就會對自我產生懷疑，覺得我不可以有這樣的感覺，我不可以有那樣的想法。他們的內心會被一種羞恥感籠罩著，越來越沒自信。

當一個孩子不能相信自己的時候，就會像藤一樣需要依賴他人，嚴重情況下會形成依賴型人格。

對內向的孩子來說，這將會給他們的成長帶來很大問題。一方面，他們社交欲望不足，不喜歡太多的人際交往；另一方面，他們缺乏穩定的自我，不得不依賴他人。他們的人生之路會變得崎嶇坎坷。

三歲至六歲

關鍵字 **主動性・選擇性緘默**

該階段的孩子活動的重心開始從家庭轉向外部，他們開始在幼稚園或其他場所和同齡的小朋友一起玩耍、相處、交往。從心理學的角度講，孩子社會化的進程正式拉開了帷幕。

對內向的孩子來說，這也是人生將要面臨的第一個重要挑戰。這個時期的孩子在心智上都是以自我為中心，缺少換位思考的能力，所以在玩耍時，很容易會與同伴發生爭搶和衝突。一般來說，那些表達能力好、個性強勢的孩子容易在衝突中獲勝。這樣的體驗可以提升他們的成就感和優越感，從而在關係中變得越來越有主動性。

相反，如果這樣的衝突讓孩子感到不舒服，或者在爭奪中經常處於下風，老是吃虧，孩子對社交關係的體驗就會是消極的，充滿了挫敗感。結果就是，他們在和其他小朋友交往時越來越被動，不願意和別人一起玩，更喜歡一個人在角落裡自娛自樂。

這是內向的孩子在這個階段容易出現的問題。如果處理不好，就可能會出現一種選擇性緘默的情況。所謂選擇性緘默指的是孩子在家的時候一切正常，與父母的交流完全沒問題，但是在其他一些場合，比如幼兒園，或者一些活動場所，就表現得很害羞，非常沉默。這樣的情況會對培養孩子的社交能力造成不利的影響。

對父母來說，最好不要過多干預，無須要求孩子必須這樣說或者必須那樣做，這只會增加孩子的排斥心理。家長首先要做的，是接納內向孩子喜靜不喜鬧的狀態，理解孩子的性格，允許他按照自己的節奏和其他小朋友相處，讓他自己慢慢去探索、慢慢去感受。

家長可以多給孩子一些陪伴和鼓勵。當孩子在社交上有不錯的表現時，比如交到了一個新朋友，或者和別的小朋友說的話比較多，都可以及時地鼓勵一下。這會增強孩子的自信心，使孩子更願意打開自己的內心，更喜歡與他人交往。

六歲至十二歲

關鍵字 自我價值感・自卑

小學後，學業成為孩子的生活重心。如果孩子在學習上能找到樂趣，並不斷體驗到成就感，他們就可以擁有更高的自我價值感。我成績不錯＝我不錯，這樣的內在聲音會提升孩子內在的自我認同，讓他們變得越來越自信。而如果學業上遇到了太多挫折，又不能積極應對，就有可能會自卑。

內向的孩子通常專注力強，善於深度思考，他們在學習時更容易投入，並且找到自我價值感。在這個階段面臨的主要挑戰在關係方面，比如與同學的關係，與老師的關係，甚至與家長的關係。

因為不善表達，個性慢熟，內向的孩子需要花更多時間才能熟悉和適應集體的環境。如果不幸遇到被孤立、被霸凌的創傷性事件，他們在校園時就會變得更焦慮，甚至產生校園恐懼。

在與老師的互動上也是如此。通常老師更喜歡活潑開朗、愛表達的孩子，因為這樣的孩子更容易溝通。內向的孩子不喜歡發言，不喜歡主動回答問題，這些都容易導致老師對他們的關注度不夠。這對他們的自我價值感造成不利的影響。

在親子關係上，最容易出現問題的情況是家長教孩子寫作業。我們經常會看到很多家長因為這樣的事情而情緒激動，有的甚至歇斯底里，處於崩潰的狀態。從心理學的角度看，這種嘶吼式的輔導是一種精神暴力，會嚴重傷害孩子的自尊心和自信心，最直接的後果就是讓孩子產生厭學的心理。

另外，如果在這個階段父母之間的感情出現問題，比如父母經常爭吵，甚至鬧離婚，也會給孩子的心理造成很大的衝擊。有些原本活潑外向的孩子，也可能會因為這樣的打擊變得內向和自卑。這就是後天因素對一個人性格的塑造。

父母在這個階段可以重點做兩件事：一是創造充滿溫暖和愛的家庭環境。父母相愛，家庭氛圍輕鬆快樂，孩子就會有安全感，就可以把精力專注在學習上，放心地探索外面的世界。即便在外面遇到挫折或者被欺負，想到家能帶給他們支持和鼓勵，會讓孩子的內心更有能量，讓他們可以更勇敢地面對問題；二是給孩子足夠的信任，相信他能憑藉自己的能力處理好學習問題，不斷成長。

在輔導作業時，父母要明白自己的角色是輔助者，而不是指導者。輔助者是指：「我一直安靜地站在你旁邊，在你需要的時候，伸手扶一把，幫助你梳理好思考。你不需要時，我繼續默默陪伴。」內向的孩子不喜歡表達，但他們有自己的想法，在學習上也有自己的思考。當他們能按照自己的思考去學習時，學習就會變成一件快樂的事。如果父母自以為是，以指導者的角色指揮孩子的學習，就可能打亂孩子的學習節